山东省社科规划项目研究成果"后疫情时代山东省公共服务路径研究"（项目批准号：21CCXJ02）

U0604056

经管文库·管理类

前沿·学术·经典

数字经济对公共服务效率的
影响效应与实现路径研究

RESEARCH ON THE IMPACT AND IMPLEMENTATION PATH OF DIGITAL ECONOMY ON PUBLIC SERVICE EFFICIENCY

尹　鹏　段佩利　著

经济管理出版社

ECONOMY & MANAGEMENT PUBLISHING HOUSE

图书在版编目（CIP）数据

数字经济对公共服务效率的影响效应与实现路径研究 /
尹鹏，段佩利著. -- 北京 ： 经济管理出版社，2024.6.
ISBN 978-7-5096-9734-4

Ⅰ. D669.3

中国国家版本馆 CIP 数据核字第 2024PC1402 号

组稿编辑：赵天宇
责任编辑：董杉珊
责任印制：许　艳
责任校对：王淑卿

出版发行：经济管理出版社
　　　　　（北京市海淀区北蜂窝 8 号中雅大厦 A 座 11 层　100038）
网　　　址：www. E-mp. com. cn
电　　　话：(010) 51915602
印　　　刷：北京晨旭印刷厂
经　　　销：新华书店
开　　　本：720mm×1000mm/16
印　　　张：11
字　　　数：210 千字
版　　　次：2024 年 6 月第 1 版　　2024 年 6 月第 1 次印刷
书　　　号：ISBN 978-7-5096-9734-4
定　　　价：88.00 元

前　言

　　在新时代中国社会主要矛盾发生转变的背景下，坚持以人为本的城镇化质量提升成为解决当前城镇化问题和推动经济社会全方位转型的必由之路。公共服务作为保障民生民权、实现公平正义、建设美好生活的基本社会条件，能够体现出以人为本的社会价值观和政策理念，是城镇化质量提升的基本要义之一。增强公共服务配套能力，积极稳妥地提升城镇化质量，实现两者的全方位协调，决定着人本主义与包容性城镇化发展的基本方向。近年来，伴随政府工作重心由经济建设向社会关怀的逐步转变，以及城乡居民对公共服务需求的不断增长，公共服务财政投入的增加成为社会各界关注的焦点。然而事实上，公共服务水平的高低取决于投入与效率两个因素。考虑到经济中高速增长阶段大幅增加公共服务投入不太现实，因此效率提升才是短期内真正提升公共服务水平、推进新型城镇化高质量发展以及实现共同富裕战略目标的关键逻辑节点和"稳定剂"。

　　近年来，以数字技术为基础、以数据资源为关键要素的数字经济迅猛发展，正推动生活方式、生产方式与治理方式发生深刻变革，成为整体经济发展中增长最快速、创新最活跃、影响最广泛的领域。伴随"互联网+"战略的深入实施与现代信息技术的迭代加速，经济社会各个领域和各个行业的数字化转型已经成为大势所趋；同时也催生了公共服务领域的数字化转型，应用场景不断拓展，各地公共服务数字化的建设如火如荼，如贵州省的"云上贵州"建设、浙江的"数字政府"改革以及广东的"数字政府"改革等。推动数字经济在公共服务领域的应用与研究，不仅能够简化公共服务流程，打破部门之间和区域之间的藩篱，降低公共服务交互成本，推动公共服务合作生产，促进公共服务优质均衡，有利于提高公共服务的服务效能和公平程度，使公共服务更具效率、更有价值；而且能够通过数据资源的高效利用推动公共服务的高质量发展与均等化建设，是完善公共服务体系的题中之义，也是提升人民群众幸福感、安全感与获得感的必然选择，对教育、医疗、就业、养老等民生问题的支撑作用日益显著。党的十九届五中全会指出，要加强数字社会和数字政府建设，提升公共服务和社会治理等的数字化与智能化水平。2022年3月，《"十四五"公共服务规划》进一步指出，要持续提升公共服务的数字化水平，促进公共服务更加普惠均等。党的二十大明确提出，要加快网络强国与数字中国建设，加快数字经济发展，促进数字经济与实体经济深度融合。2023年12月，《数字经济促进共同富裕实施方案》指出，数字经济的发展有利于生产要素的高效流动以及公共服务均等化进程的推进，是实现共同富裕目标的重要力量；要推动数字经济赋能实现优质教育、医疗供给、养老服务、社会保障等的社会服务普惠共享。以上这些为数字经济赋能公共服务效率提供了根本遵循，为公共服务高质量发展指明了方向。

基于此，本书以2013—2022年为研究时段，以中国31个省（自治区、直辖市）为研究对象，在系统阐释数字经济与公共服务效率理论基础和实践探索的基础上，构建数字经济与公共服务效率评价指标体系，并运用熵权法测算中国各省份数字经济与公共服务效率综合得分；同时分析数字经济与公共服务效率的主要特征，进而运用基准回归模型分析数字经济对公共服务效率影响的直接效应，运用中介效应模型分析数字经济对公共服务效率影响的中介效应，运用门槛回归模型分析数字经济对公共服务效率影响的门槛效应，运用空间面板模型分析数字经济对公共服务效率影响的空间效应，据此提出数字经济促进公共服务效率提升的实现路径和保障对策。

目　录

第一章 绪论

第一节 研究背景与意义

一、研究背景与问题的提出

公共服务是由政府主导提供，与经济社会发展水平和阶段相适应，旨在保障民生民权、实现公平正义、建设美好生活的基本社会条件。它是 21 世纪政府改革和公共行政管理的核心理念，能够体现出以人为本的社会价值观和政策理念，对于推进以保障和改善民生为重点的社会建设、深入落实科学发展观、加快经济发展方式转变等，具有十分重要的现实意义。

2002 年 11 月，党的十六大第一次将政府职能划分为经济调节、社会管理、市场监管、公共服务四项内容，将政府智能由"三位一体"转变为"四位一体"，强调减少与规范行政审批。2005 年 10 月，党的十六届五中全会在《中共中央关于制定国民经济和社会发展第十一个五年规划的建议》中首次提出"公共服务均等化"这一改革命题，公共服务问题正式进入公众视野。2006 年 10 月，党的十六届六中全会审议通过《中共中央关于构建社会主义和谐社会若干重大问题的决定》，提出要建设服务型政府，要强化社会管理与公共服务职能，这是中央文件中第一次提出"服务型政府"这一概念，并首次强调政府具有公共服务职能。2007 年 10 月，党的十七大明确提出要加快推进与改善以民生为重点的"五有"目标建设，使全体人民劳有所得、病有所医、老有所养、学有所教、住有所居。2012 年 7 月，《国家基本公共服务体系"十二五"规划》将公共服务确定为公共教育、劳动就业服务、社会保障、基本社会服务、医疗卫生、人口计生、住房保障、公共文化八大类 44 小类 80 项服务项目。自 2012 年 10 月党的十八大召开以来，伴随《"十三五"推进基本公共服务均等化规划》《关于建立健全基本公共服务标准体系的指导意见》《"十四五"公共服务规划》等的相继出台，习近平总书记围绕保障和改善民生、加强社会公共服务体系建设提出系列重要论述，详细阐明了新时代推进公共服务发展方向、方针、原则、道路等一系列重要问题。相应地，随着国家和各地区对公共服务重视程度的不断提高，覆盖全民的公共服务制度体系初步构建，各级各类公共服务设施逐渐完善，公共服务项目与标准得到全面落实。2022 年 10 月，党的二十大报告指出，要健全基本公共服务体系，提高公共服务水平，增强均衡性与可及性，扎实推进共同富裕①。近年来，随着政府工作重心由经济建设向社会关怀的逐步转变以及城乡居民对公共服务诉求的不断增强，公共服务供给难以满足现实需求，区域之间、城乡之间发展不均衡的矛盾越发突出，公共服务财政支出的增加成为新发展阶段人类社会面临的新课题和新挑战。事实上，公共服务水平主要取决于投入和效率两个变量，鉴于经济中高速增长阶段大幅增加公共服务投入不太现实，效率提升才是短期内真正提升公共服务水平、推进新型城镇化高质量发展以及实现共同富裕战略目标的关键逻辑节点。

现阶段，以数字技术为基础支撑、以数据资源为关键要素的数字经济迅猛发展，能够突破时空与资源限制，成为不可阻挡的时代潮流，新业态、新技术、新模式、新服务发展势头强劲，正推动生活方式、生产方式与治理方式发生深刻变革，对国民经济的生产效率提升起到支撑和拉动作用。自 2015 年提出"国家大数据战略"以来，中国数字经济得以突飞猛进的发展。根据《中国数字经济发展研究报告》，2016 年，中国数字经济规模达 22.6 亿元，占GDP 的比重为 30.3%，对 GDP 总体贡献率达到 69.9%。2022 年，中国数字经济规模为 50.2 万亿元，占 GDP 比重达 41.5%，进一步凸显出数字经济对国民经济的拉动作用。数字经济的快速发展进一步实现了量的合理增长，成为推动中国式现代化的重要力量；同时，也是培育新质生产力的重要路径。相应地，经济社会各个领域和各个行业的数字化转型已经成为大势所趋。基于此，提升公共服务效率也必然要运用数字化理念、思路、手段和方法来促进民生福祉优质共享；通过信息流动与共享，拓展公共服务的能力外延，简化公共服务流

---

① 习近平. 高举中国特色社会主义伟大旗帜为全面建设社会主义现代化国家而团结奋斗——习近平同志代表第十九届中央委员会向大会作的报告摘登［N］. 人民日报，2022-10-17（002）.

程，降低公共服务交互成本，促进公共服务均衡发展，进而加速公共服务体系与过程的全面优化。换言之，数字经济赋能公共服务效率有助于从多个维度改变公共服务效率提升的基本模式，使其朝着内容精准且个性、要素集成便捷、主体多元协同、区域协调联动、效果标准可视的方向转变，对公共服务的均等化、高效化、便捷化与普惠化发挥重要作用，以此能够更加精准、智能、协同、透明地满足人民群众的公共服务需求；同时，也为共同富裕目标的全面实现以及中国式现代化的大力推进筑牢民生之基。

基于此，本书在系统梳理数字经济与公共服务效率理论基础和实践探索基础上，以2013—2022年为研究时段，基于数字经济与公共服务效率评价指标体系，运用熵权法和数据包络分析模型分别测度中国数字经济与公共服务效率得分，进而运用基准回归模型分析数字经济对公共服务效率影响的直接效应，运用中介效应模型分析数字经济对公共服务效率影响的中介效应，运用门槛回归模型分析数字经济对公共服务效率影响的门槛效应，运用空间面板模型分析数字经济对公共服务效率影响的空间效应。最后，根据上述研究结论，提出数字经济促进公共服务效率提升的实现路径和保障对策，旨在为公共服务高质量发展以及区域战略政策的制定与实施提供参考和借鉴。

二、研究意义

本书的研究意义和价值主要体现在以下两个方面：

（一）理论研究意义

将数字经济引入公共服务效率研究中，是对公共服务效率理论研究的补充和完善，利于厘清数字经济与公共服务效率之间的关系，发展数字经济驱动公共服务效率的内在机理理论，揭示数字经济影响公共服务效率的一般规律，完善公共服务效率多要素驱动机制研究框架，为相关研究和后续研究提供一些新的理论证据。

（二）实践应用价值

在公共服务效率提升成为大势所趋、数字经济不断加强的背景下，研究数字经济驱动公共服务效率的作用机制及影响效应，可以为各地实施精准有效的数字经济政策提供理论支持和政策建议，有助于推动中国公共服务数字化进程和现代公共服务体系建设。

第二节　研究内容与目标

一、研究内容

本书在对国内外数字经济、公共服务效率以及数字经济与公共文化服务高质量发展关系进行系统梳理的基础上，基于公共产品、文化生产、新公共管理、新公共服务等理论，科学构建数字经济与公共文化服务高质量发展评价指标体系，运用乘法集成赋权与综合指数法测算中国数字经济与公共文化服务高质量发展综合水平。研究内容主要包括以下内容：

第一章，绪论。包括研究背景与意义、研究内容与目标、研究方法与技术路线。

第二章，数字经济与公共服务效率的理论基础。包括数字经济、公共服务效率、公共服务数字化的基本概念，对公共产品理论、新公共管理理论、新公共服务理论、公共价值理论、数字治理理论的介绍，以及数字经济、公共服务效率、数字经济赋能公共服务的国内外研究综述。

第三章，数字经济赋能公共服务的实践探索。包括数字经济赋能教育公共服务的实践探索、数字经济赋能公共卫生服务的实践探索、数字经济赋能养老公共服务的实践探索、数字经济赋能公共文化服务的实践探索四个方面。

第四章，中国数字经济与公共服务效率测度分析。包括数字经济与公共服务效率指标选取与模型构建、中国数字经济发展水平测度与分析、中国公共服务效率测度分析。

第五章，数字经济对公共服务效率影响的总体效应及作用机制。包括数字经济对公共服务效率影响的直接效应、数字经济对公共服务效率影响的中介效应、数字经济对公共服务效率影响的门槛效应三个方面。其中，直接效应包括模型构建与变量选取、基准回归结果分析；中介效应包括模型构建与变量选取、中介效应检验；门槛效应包括模型构建与变量选取、"门槛条件"检验、门槛回归结果分析。

第六章，数字经济对公共服务效率影响的空间效应。包括空间权重矩阵构建、空间自相关检验以及空间效应结果分析三个方面。其中，空间权重矩阵构建包括空间邻近权重矩阵和空间地理矩阵；空间自相关检验包括空间自相关检验方法和空间自相关检验结果；空间效应结果分析包括空间面板模型构建、空间计量模型校验和空间溢出效应结果分析。

第七章，数字经济促进公共服务效率提升的实现路径。包括数字经济促进公共服务效率提升的基本原则、数字经济促进公共服务效率提升的实现路径、数字经济促进公共服务效率提升的保障对策。其中，以人为本、供需均衡、创新发展、差异发展、协同共享和循序渐进是数字经济促进公共服务效率提升的基本原则；强化数字公共服务要素支撑、推进数字公共服务均等共享、实现数字公共服务多元协同是数字经济促进公共服务效率提升的实现路径；完善数字公共服务建设机制、推动数字公共服务标准制定、加强数据信息资源安全建设是数字经济促进公共服务效率提升的保障对策。

第八章，结论与展望。

二、研究目标

（一）理论研究目标

确定数字经济对公共服务效率的作用机制及影响效应。构建数字经济驱动公共服务效率的内在作用机制；以中国省域数字经济与公共服务效率特征为基础，构建数字经济影响公共服务效率的理论框架模型，明晰传导路径，同时探析数字经济对公共服务效率的影响效应。

（二）实践研究目标

提出数字经济影响公共服务效率的具体实现路径。将数字经济对公共服务效率的作用机制及影响效应进行理论总结，明确其路径意义，为中国省域数字经济发展路径的确定、优化以及公共服务高质量发展提供合理的建议与行动指导。

第三节　研究方法与技术路线

一、研究方法

（一）问卷调查和实地访谈法

对代表性城市的民众开展问卷调查，了解其对数字经济与公共服务效率的主观评价，制订调研计划，重点对有代表性的省份的科学技术厅、民政厅、财政厅、人力资源和社会保障厅、发展和改革委员会、大数据局等部门的主要负责人开展面谈交流，获取一手资料。

（二）文献查阅、归纳演绎、案例分析等方法

结合文件查阅、归纳演绎、历史分析等方法，对国内外数字经济与公共服务效率的概念内涵、演化历程、规律特征以及数字经济赋能公共服务等的系列研究成果进行系统梳理，通过案例分析，整体把握数字经济驱动公共服务效率的作用机制。

（三）熵权法、数据包络分析模型等数理模型

根据已有研究成果筛选核心因素，构建数字经济与公共服务效率评价指标体系，对初始变量进行净化和修正；运用熵值法测算数字经济综合得分；运用数据包络分析模型对公共服务综合效率、纯技术效率和规模效进行测算。

（四）基准面板回归模型、中介效应模型、门槛回归模型等分析模型

在梳理现有关于数字经济理论的基础上，总结数字经济的效应特点，构建基准面板回归模型、中介效应模型、门槛回归模型和空间面板模型，对数字经济影响公共服务效率的综合效应进行分析。

（五）比较分析与系统分析法

通过定性归纳和演绎的方法进行规律总结、理论提升，提出对数字经济驱动公共服务效率政策调整的设计方案，运用比较分析与系统分析法，从要素支撑、均等共享、多元协同、机制完善、标准制定、安全建设等多个角度，提出政策优化路径。

二、技术路线

（1）按照时间顺序：文献收集和资料查询→问卷调查和实地调研→数据与资料处理→补充调研→成果修改与完成。

（2）按照逻辑顺序：文献资料分析→数字经济与公共服务效率的理论基础→数字经济与公共服务效率的实践探索→数字经济与公共服务效率的测度分析→数字经济影响公共服务效率的直接效应→数字经济影响公共服务效率的中介效应→数字经济影响公共服务效率的门槛效应→数字经济影响公共服务效率的空间效应→数字经济促进公共服务效率提升的实现路径。本书研究的技术路线如图 1-1 所示。

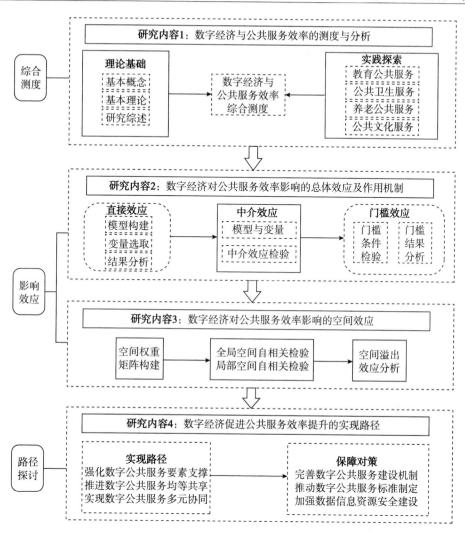

图1-1　本书研究的技术路线

第二章 数字经济与公共服务效率的理论基础

第一节 基本概念辨析

一、数字经济的概念

数字经济的概念于 1994 年美国圣地亚哥的一篇新闻报道 "The San Diego Union-Tribune" 中首次出现。1995 年，美国 IT 咨询专家 Don Tapscott 在 *The Digital economy：Promise and Peril in the Age of Networked Intelligence* 一书中提出 "数字经济" 的概念，该书中详细叙述了互联网对数字经济的作用，也描述了数字经济对全球发展可能产生的改变与挑战，但未对数字经济概念进行明确阐述。1996 年，尼古拉·尼葛洛庞第认为，数字经济是利用比特而非原子的经济，他充分指出了数字经济的网络本质，这一概念在数字经济早期产生了较大影响。此后，数字经济发展开始受到部分国际组织、国家以及研究机构的关注。1997 年，日本原通产省在官方通告中提到 "数字经济"。1998 年，美国商务部统计经济数字并且出版著作《浮现中的数字经济》。21 世纪以来，各国出台发展数字经济的战略和政策，以期通过数字经济发展带动经济增长。与此同时，各国际组织相继发布政策措施促进数字经济发展。

2016 年 9 月，在杭州举行二十国集团领导人第十一次峰会（又称 G20 杭州峰会），会议通过了《二十国集团数字经济发展与合作倡议》，"数字经济" 的概念首次在全球范围内得到统一界定并被广泛认可。《二十国集团数字经济发展与合作倡议》明确指出，数字经济是以使用数字化的知识和信息作为关键生产要素，以现代信息网络作为重要载体，以信息通信技术的有效使用作为效率提升和经济结构优化的重要推动力的一系列经济活动。2017 年 12 月，习近平总书记在中共中央政治局第二次集体学习时强调，要加快形成以创新为主要引领和支撑的数字经济。数字经济被赋予了时代意义，凸显了大数据对社会经济发展的贡献。中国信息通信研究院发布的《中国数字经济发展白皮书》中将数字经济的发展划分为数字产业化、产业数字化、数字化治理、数据价值化四个部分。2021 年 12 月，《"十四五"数字经济发展规划》进一步完善了数字经济的内涵，认为数字经济是农业经济、工业经济之后的一种主要经济形态，以数据资源为关键要素，以现代信息网络为主要载体，以信息通信技术融合应用和全要素数字化转型为重要推力，旨在促进公平和效率更加统一。

从学术界来看，早期的研究学者和研究机构将数字经济内涵总结为"基于数字技术"的经济，强调数字技术产业及市场化应用。随着数字技术应用范围的不断扩大和数字经济的不断发展，新的数字经济业态不断出现，数字经济逐渐被泛化为所有的数字化经济活动，数字经济的概念与内涵也不断丰富与拓展。近年来，不同学术领域的学者们根据各自考量的侧重点，多从广义视角出发，纷纷对数字经济的概念内涵进行界定（见表 2-1）。然而，数字经济的概念内涵各有侧重，至今尚未形成统一的标准。

表 2-1　国内学者对数字经济内涵的界定

作者	数字经济内涵表述
吴晓怡	数字经济是技术创新和经济活动结合的新现象，可从信息通信技术水平、软硬件基础设施建设、创新科技转化能力三个方面进行解读，以此能够全面解析数字经济发展现状和国际竞争力
李海舰	数字经济理论分析框架包括三个层面：宏观层面即数据价值化与数字化治理，中观层面即数字产业化与产业数字化，微观层面即数字化产品与数字化企业。
陈晓红	数字经济是以数字化信息为关键资源、以数字技术驱动创新为牵引、以互联网平台为信息载体、以新模式和新业态为表现形式的一种经济活动，其内涵包括数字化信息、互联网平台、数字化技术、新模式与新业态四个核心内容
佟家栋	随着数据要素与数字技术的快速发展，数字经济作为一种新的经济形态成为全球经济增长的主要推动力，具有网络化、数据化、智能化、共享化的特征
欧阳日辉	数字经济是以数字平台及生态为主要载体、以数据要素为关键要素，通过智能化与数字化实现高效连接，在数字空间和物理世界均可创造价值的新经济形态，并构建要素、互联、融合、转型、创新的五层次概念模型

续表

作者	数字经济内涵表述
周元任	数字经济作为产业融合、经济社会变革和全球竞争新优势提升的重要推力，是数字技术催生出来的一种新型经济模式，伴随数字技术的发展、数字经济内涵与外延不断拓展，数字经济的发展主要经历信息经济、互联网经济和数字经济三个阶段

资料来源：根据相关文献整理而成。

二、公共服务效率的概念

"效率"一词源于物理学，是有用功率与驱动功率的比值，包括机械效率、热效率等，后来逐渐引申为事物蕴藏的有利的作用；也就是说，在给定时间与资源等的限制下，完成任务或实现目标的能力或水平，强调以最小化的资源浪费，实现最高的产出和高质量地完成工作。相应地，公共服务效率是公共服务资源要素投入与效果产出的比例，即在给定公共服务资金、技术、人员等资源要素的限制下，实现公共服务综合效益最大化。

近年来，不同学者从不同学科视角对公共服务效率的概念内涵进行阐释，其中：胡洪曙认为，公共服务效率即在有限的政府资源约束下，通过有效整合社会资源、重构供给模式、更新供给体系、优化供给要素、最大化产出效益，实现公共服务的精准化、便利化和规范化，以此优化社会的整体福利；谢迪指出，公共服务效率概念源于福利经济学，是一个不断发展和变化的交叉学科概念，不仅包含社会公平，而且包括公民满意与公共价值等，涉及生产、交换、分配、消费各个领域，其标准正经历由独立时效、投入产出比、社会公平、公民满意、公共价值取向向多个层面结合的综合方向转变。

三、公共服务数字化的概念

《"十四五"数字经济发展规划》明确提出，要持续提升公共服务数字化水平，提高"互联网+政务服务"效能，提高社会服务数字化普惠水平，推动数字城乡融合，打造智慧与共享的新型数字生活，包括智慧教育、数字健康、智慧社会以及社会保障等多个领域。《数字中国建设整体布局规划》指出，要促进数字公共服务实现普惠化，大力实施国家教育数字化战略行动，完善国家智慧教育平台，发展数字医疗健康，规范互联网医院和互联网诊疗。相应地，各省份陆续出台了一系列数字经济发展行动方案与计划，有效指导公共服务数字化健康可持续发展。

关于公共服务数字化的主要政策见表2-2。

表 2-2 关于公共服务数字化的主要政策

发布时间	文件名称	相关内容描述
2022 年 5 月 30 日	《北京市数字经济全产业链开放发展行动方案》	持续加大数据的开放共享力度，积极推动公共交通、供水、供气、供电等公共服务运营单位的数据开放以及全域智慧应用场景开放；积极吸纳和引导社会力量积极参与民生应用场景的建设运营；推动数字经济与教育、医疗、文化等产业的融合，探索出包容审慎的新型监管模式
2022 年 6 月 12 日	《上海市数字经济发展"十四五"规划》	培育壮大服务设计，围绕政务、交通、基础设施、医疗、养老等公共服务产品设计，推进发展数字设计应用，提升服务新体验；做好高端产品供给，重点发展智能型公共服务机器人、智能护理机器人、手术机器人等，在智慧教育、智慧医疗等场景率先进行服务机器人试点，助力实现高品质生活
2021 年 6 月 29 日	《浙江省数字经济发展"十四五"规划》	推动生活性服务业的数字化转型，创新和推广一批新业态与新模式，建成"一图两码三平台"的数字生活服务生态体系，推动公共服务流程再造与直达乡村，形成面向共同富裕的公共服务供给机制；激发市场主体活力，搭建完善公共服务平台；建设国内领先的高性能的云计算公共服务平台；完善政务服务"一朵云"建设
2021 年 7 月 17 日	《山东省"十四五"数字强省建设规划》	围绕教育、医疗、社保、养老、文化、体育、救助等重点领域，加强新一代信息技术和公共服务深度融合，建设一批典型的数字化应用场景，着力推进数字公共服务领域新供给重点工程，加快构建全方位、全时段、高质量和个性化的数字服务体系，建成全生命周期的数字化惠民服务体系，构建智慧城市建设新格局
2021 年 8 月 23 日	《天津市加快数字化发展三年行动方案（2021—2023年）》	升级"津心办"数字社会综合应用平台功能，重点打造惠民就医、人才直通车、银发智能服务等6个应用场景，优化天津基础教育资源这一公共服务平台功能，建立医疗、医保、医药"三医"联动平台，优化社会保险公共服务平台功能，健全城乡一体化公共就业信息网络等，构筑全民共享的数字生活新图景
2021 年 8 月 26 日	《江苏省"十四五"数字经济发展规划》	加快推进江苏省小微企业的公共服务平台网络建设，大力推进南京集成电路产业服务中心等的产业公共服务平台建设，创新公共服务治理方式；以提升公共服务能力为重点，在教育、医疗、出行、养老、就业、公共文化、社保等民生服务领域展开数字化应用示范，加快传统民生服务设施的智慧化升级和民生服务新业态与新模式的发展
2022 年 4 月 11 日	《福建省做大做强做优数字经济行动计划（2022—2025年）》	贯彻落实习近平总书记有关数字经济的重要论述，推进实施"效率提高、效能提升和效益提增"行动，结合国家数字经济创新发展试验区的建设，强化数字技术创新突破和应用，以数字信息基础设施的"强基"行动、数字技术创新发展突破行动、数字核心产业规模能级的提升行动等为重点任务，为全方位推进福建省高质量发展提供强有力的支撑

续表

发布时间	文件名称	相关内容描述
2022年4月25日	《陕西省"十四五"数字经济发展规划》	以数字产业化与产业数字化为数字经济发展主线，以支撑体系建设、治理体系完善、数字技术创新和数据要素市场培育为抓手，以组织、政策、人才、安全、资金、开放为保障，推进数字经济和实体经济的深度融合发展，构建陕西省数字经济发展的新格局，大力实施数字陕西战略，谱写陕西省高质量发展的新篇章

资料来源：根据各省、直辖市的人民政府、发展和改革委员会等官方网站整理而成。

综合来看，公共服务数字化是公共服务与数字经济相结合的产物，是运用数字化技术和方法，通过打破公共资源物理空间与物质载体的约束，对公共服务结构、组织、流程、方式等进行变革，推动文化教育、医疗健康、体育健身、会展旅游等多个领域的公共服务资源的数字化供给与网络化服务，使民众享有公共服务而不再受到时间和地域的限制，同时弥补和打破传统公共服务资源的不足和局限，拓展公共服务的能力与传播范围，提高公共服务效率与效能，推动数据整合共享与业务协同，提高综合管理服务能力。

第二节　基本理论综述

一、公共产品理论

公共产品理论最初"发育"在经济学与社会学领域，是新政治经济学的基本理论之一。19世纪80年代，经济学的边际革命对于公共产品理论发展产生了重要影响。奥地利与意大利学者最早运用边际效用价值理论研究政府对于市场经济的影响，提出社会产品包含私人产品与公共产品，并将两者进行对比，得出公共产品理论。瑞典经济学家林达尔于1919年提出林达尔均衡理论，这是公共产品理论最早的研究成果之一。该理论认为，公共产品价格可以根据个人意愿来确定，并不是完全依靠政治与强制性税收。萨缪尔森在《公共支出理论的图式探讨》和《公共支出的纯粹理论》中指出，通过集体消费产品和实现资源最佳配置解决公共产品理论的核心问题。1973年，桑得莫重点分析了混合产品。经过多年研究和应用，公共产品理论得以不断深化，取得了较大进展。

从公共产品理论的性质来看，公共产品区别于私人产品的三个特征主要是效用的不可分割性、受益的排他性与消费的非竞争性。公共产品是一个不可分割的整体，不能按照"谁付款谁受益"的原则进行分割和买卖；公共产品向社会大众提供，由多人共享，不能只由私人享用；公共产品的边际生产成本是零，因此个人享用公共产品不会对其他人享用公共产品产生影响。

从公共产品理论的供给主体来看，非竞争性与非排他性是公共产品的两个典型特征，容易导致社会与个人不愿提供公共产品，因此政府成为公共产品的唯一供给者；同时也会产生政府失灵问题。受此影响，部分学者探讨了个人、慈善机构和组织等参与公共产品供给的可能性，即通过制度和政策进行补偿。

从公共产品理论的个人偏好来看，根据利益最大化原则，政府在一定程度上能够最大限度地为民众提供公共产品和服务，但由于"搭便车"心理，民众不能如实反馈对公共产品的真实需求，导致政府无法准确获知公共产品的个人偏好，影响公共产品的供给质量，造成公共产品浪费。针对此现象，部分学者探讨通过建立个人偏好机制等解决这一问题。

从公共产品理论的拓展应用来看，这一理论具有广泛适用性，原则上适用于公共产品的各个领域。从属性上来看，公共服务是由政府主导下向民众供给的公共产品，符合公共产品的特性，即非排他性、不可分割性与非竞争性。也就是说，个人享受公共服务不会对其他人的享受造成影响，这在一定程度上降低了公共服务的供给激情，而政府单独供给公共服务会面临政府失灵的问题，因此有必要根据供给主体与个人偏好进行深入研究，以解决此类问题。

公共服务的本质是政府向民众提供公共产品，具有公共产品的一般特征。为更好地实现公共服务有效供给必然要完善公共服务供给主体、建立公共服务个人偏好机制以及提高公共服务水平，这正是公共产品理论所要求的内容。

二、新公共管理理论

伴随对传统的公共行政管理模式的批判，进入 20 世纪 80 年代以后，英国、美国、新西兰、澳大利亚等主要发达国家掀起政府改革运动，"管理主义""重塑政府""新公共管理""后官僚制典范""再造政府""企业型政府"等是这场政府改革运动的不同称谓。至 20 世纪 90 年代后期，"新公共管理"这一概念逐渐受到人们的青睐。新公共管理范式的出现是公共部门管理模式的重大变革，奥斯特罗姆将这一范式的出现称之为"哥白尼式"的革命转折点。

新公共管理改革的主线是重新界定政府和市场的关系，改革内容主要围绕重新定位政府功能、转变政府公共服务的提供方式、改革政府管理体制、引入私营部门的管理技术四个方面。从重新界定政府和市场的关系来看，强调放松市场规制，推进国有企业私有化，优化政府管理职能。从转变政府公共服务的提供方式来看，在公共服务管理中引入市场竞争体系，主要采取合同出租、公私合作、使用者付费、凭单制度四种形式。从改革政府管理体制来看，强调放松政府内部规制，改革事务类的公务员制度，推进分权化改革。从引入私营部门的管理技术来看，一是要做好顾客导向，促进政府改进服务，提高效率，重塑政府形象；二是要加强绩效评估，建立科学完整的评价体系，并使其过程更加系统化和规范化，以此提高服务质量和政府效率。

通过对新公共管理理论主张与实践的分析发现，该理论是公共管理理论研究的新范式，在一定程度上拓展了公共管理理论研究的基础、主体、客体和手段。然而，该理论并没有实现当初提出的"摒弃官僚制"这一目标，自产生以来就遭到理论界的挑剔、怀疑和指责。

三、新公共服务理论

新公共服务理论由美国著名行政学家罗伯特·登哈特（Robert B. Denhardt）提出，是在反思新公共管理理论的基础上出现的全新的公共行政模式，是对新公共管理理论带来的负面影响的纠正，适应了变化的大环境要求。新公共服务理论明确指出，政府的职能不是"掌舵"而是服务，这为服务型政府建设提供了直接理论依据和全新视角。从实践上看，新公共服务理论在西方发达国家和新兴现代化国家均得到了广泛推行。新公共服务作为一种全新的公共行政理论，重点在于承担向公民放权和为公民服务的职责，并建立明显具有高度回应力与整合力的公共机构[①]。

（一）核心职能与根本目标

政府的核心职能是服务，要扮演好政策制定者的角色，将具体操作与高层管理区分开，采取积极政策适应社会和经济全面发展的需要，以顾客或市场为导向改善行政绩效，充分发挥对社会的领导作用、导向作用和监督作用，而不是试图去"驾驭"或"控制"社会，这与新公共管理理论主张的政府核心职能有着本质区别。

---

① 辛静. 新公共服务理论评析——兼论对中国服务型政府建设的启示 ［D］. 长春：吉林大学博士学位论文，2008.

公共行政所追求的根本目标是人民群众的公共利益。换言之，新公共服务追求的是共同利益基础上的公共利益，而不是个人利益的简单叠加，要妥善地解决好两者之间的对立，确保公共利益占据主导地位，通过社区沟通来实现公共利益，并帮助民众形成具有公共利益和共享价值的集体意识。

（二）战略决策与民主管理

新公共服务理论认为，公共需要政策与方案来满足，这就要求全社会一起努力和协作，这就要求不仅思想上形成一种共识，还要求所有参与方共同参与到政策与方案的执行中。具体来看，一是要在思想上具有战略性。首先，战略计划与长远规划的制定必须取得一致意见；其次，必须充分考虑到管理部门的权限，或有关公共组织立法的规定；再次，强调组织任务的明确性；最后，重视战略绩效评估的社会效益指标。二是要在行动上具有民主性。政策与计划的制定和贯彻执行是集体努力与协作的过程，这就要求最终愿景确定之后不能只是政府执行，而是需要将所有群体联合起来，一起向着既定的目标前进，这样不仅政府对居民要有更多了解，而且居民对政府也要有更多了解。

（三）人本理念与公民本位

总的来看，新公共服务理论远不只是一个职业范畴，还是一种态度和一种责任感，甚至是一种公共道德意识。人在新公共服务理论中特别重要，新公共服务理论中人的尊严、归属感、信任、关心他人、公民意识等要素处于核心地位，不单纯是对经济发展价值的追求。新公共服务理论的方法与组织原则尤其强调民治的重要性，效率提高、过程重塑、绩效测评是新公共管理系统设计的重要工具，如何正确对待其他公民是该理论谈论的中心，指出重视人不是重视生产率。此外，新公共服务理论指出，一个真正的公民应关注更广泛的社会，树立为他人和社会服务的思想观念。政府不能将公民当作顾客，不能仅关注短期利益，而要关注公民的利益和需求，并鼓励更多的人履行作为公民的责任。

四、公共价值理论

20 世纪 80 年代，学者们不断反思新公共管理理论产生的碎片化问题，相继提出整体政府、公共服务和治理理论等，尝试从整体性、以服务为导向、多元参与等方面解决碎片化问题。20 世纪 80 年代末 90 年代初期，穆尔在《创造公共价值：政府战略管理》中开"公共价值"的先河，之后这一理论逐渐成为西方公共管理和公共行政学研究的新视角与新方向。

目前，针对公共价值理论的持续研究和系列研究，形成了公共价值来源、公共价值识别和公共价值测量等研究方向。一是关于公共价值的来源。公共价值的来源可以分为共识主导的公共价值和结果主导的公共价值两种：共识主导的公共价值主义侧重微观具体过程研究，认为公共价值是公民的集体偏好，存在公共管理过程中，是政府、公民、组织、法人等对于权利、义务、规范达成的共识，由全体公民集体决定；结果主导的公共价值主义侧重宏观抽象研究，认为公共价值是全体公民对于政府期望的集合，其最终达成与否直接取决于公民的意愿与判断。二是关于公共价值的识别。对于公共价值的识别是更好地创造公共价值的前提，通过研究发现，公共价值更像一个价值集合，对其进行价值集合要素的识别一般包括静态与动态两种识别方法：静态识别方法是在意识形态、政策文件、法律法规、部门规章、政府工作报告等正式文件中识别公共价值；动态识别方法除关注公务员价值外，还应构建包括各种利益相关者和更广泛公民管理的参与机制，借助是非价值共识、公共价值动机、多数同意原则等识别工具识别公共价值集合的要素构成。三是关于公共价值的测量。测量公共价值的方法对公共部门科学识别公共价值并创造和优化公共价值来说至关重要。穆尔基于公共价值战略三角，提出公共价值账户、记分卡和公共价值链，这为公共价值的测量提供了具体操作方法。其中，公共价值账户从投入产出视角，记录公共组织耗费的成本与创造公共价值的成效；公共价值记分卡吸收平衡记分卡的相关精华理念，将公共价值创造这一抽象目标转化为具体绩效评估操作，成为公共部门价值创造成效的测量工具；公共价值链旨在说明公共价值的预期结果和实现预期结果需要的资源、活动、过程与产出之间的关系，以此实现对公共价值创造过程和结果的绩效评估。

五、数字治理理论

数字治理理论兴起于 20 世纪 90 年代，正值新公共管理理论式微之时。当时，信息技术的快速发展在政府治理过程中表现出强大影响力，使政府信息化建设成为政府改善治理绩效的有效举措。换言之，数字治理理论的兴起既与政府改善治理现状的实际需求有关，也与信息技术的高速发展密不可分。

英国学者帕特里克·邓利维是数字治理理论的主要代表，他指出，数字治理理论包括重新整合、以需求为重要基础的整体主义以及数字化变革三大主题。其中：①重新整合的提出是为修正新公共管理过程中的碎片化与重复化问题，以此整合较为分散的机构与职能，解决资源浪费和重复建设问题，并最终提高公共服务产品的供给效率。具体来看，重新整合包括重新整合机构化与碎片化、重新政府化、协同治理、重新巩固或重建中央政府流程、采购的集中化与专业化、网络简化、在混合经济基础上共享服务、从根本上挤压过程成本、重塑支撑公务的供给链九个部分的内容。此外，重新整合有两个面向：一是面向官僚组织内部权利重塑；二是面向社会进行重新评估政府下放权力边界。②与重新整合不同的是，以需求为重要基础的整体主义更加强调在合并、精简政府职能结构基础上调整政府组织和公民的关系，并且构建能对社会环境变化做出反应的灵活政府，主要包括交互式信息查询和供给、"一站式"供应服务和一次性问询程序、基于顾客或需求的职能机构重组、重塑端到端的服务流程再造、数据仓库、敏捷与灵活的政府过程六个要素，其中交互式信息查询和供给是以需求为重要基础的整体主义的基础。③帕特里克·邓利维认为，真正影响数字化进程的因素并不是技术对其的直接影响，而是政府内部组织、文化变革和文明对其产生的行为转变。这其中，数字化变革通过影响公共职能组织结构和内部文化促进权力结构的重塑，以此塑造以公民为中心的政府治理理念，建构面向公民实际需求的数字治理场景，并建立包括价值理念、问题导向和治理场景在内的长效治理机制。数字化变革主要包括提供电子服务支付、自动化流程的新形式、减少受控渠道、彻底地非中介化、国家指导下集中信息技术采购、走向开放政府管理、基于网络的效用处理、减少中间层、渠道分流与顾客细分九个部分的内容。

第三节　国内外研究综述

一、数字经济相关研究

（一）数字经济的要素特征与水平测算

根据对以往文献的整理和相关研究分析，数字经济主要包括以下要素：第一，数据资源。数据资源是数字经济价值创造的关键要素，数据资源与新的生产要素结合拉动经济增长。利用数据资源，利于探索消费者的潜在需求、创新生产领域、升级产业服务、革新商业模式。第二，信息技术。信息技术是数字经济发展的主要依托，数字经济的发展离不开数据支撑和技术革新。技术创新能够催生出新的生产部门，优化产业结构和市场结构；海量数据和信息技术相辅相成，使生产行业、制造行业、管理行业、服务行业等呈现出新的形态，以此提高各行业抵御风险的能力。第三，网络载体。数字经济的发展离不开互联网平台，通过互联网平台数字化之后的知识和信息可以得到更为广泛的传播。第四，产业融合。利用数字技术优势衍生出共享经济、数字化平台经济、社群经济等新的经济模式，新兴技术作用于传统产业，使传统产业萌发新的活力，加速产业的数字化、智能化、网络化。第五，多元共治。数字经济必须将政府、企业、社会组织、个人都纳入治理体系，各主体充分发挥各自的作用优势，形成完善的治理结构。资源优化配资，提高利用效率，使经济总量和质量全面提升，提高人民生活水平。

数字经济是经济发展的新形势，具有较大的发展潜力和较广阔的发展前景，其特征主要包括以下三个方面：第一，普及性。由于数字经济传播覆盖能力较强，在全球数字经济的发展基础上，各项资源都可以得到合理的运用。通过对生产要素的合理调整，以此促进国家经济发展，政府会在经济发展的过程中加快数字化转型，数字经济会在国家和地区乃至世界范围内都具备良好的普及性，数字经济以较强的渗透作用让更多的人体会到数字经济带来的便利。第二，服务性。数字经济以强大的渗透能力融入人们的生活。数字经济接收海量的数据能力，使数字经济在满足需求方面的功能被进一步挖掘。在数字经济转型中，各个企业要加强对数据来源的分析，考察社会状况，以便获取更多的信息，增强服务性。第三，产业化。数字经济是中国经济未来发展的方向。近年来，数字经济产业持续增长，例如，开发建设 5G 设施及更加先进的数字技术，数字产业呈现出多样化的发展趋势，数字产业仍在充分挖掘自身潜力，进一步提高自身的发展能力。截至 2021 年，数字经济交易额同比增长 18.5%，并且保持持续增长的态势。

目前，国内外各组织机构、政府部门、研究学者对于数字经济发展水平的测算大致可以分为四种，即数字经济增加值测算、构建数字经济指数、建立卫星账户、国民经济核算方法研究。其中，数字经济增加值测算和构建数字经济指数是测算数字经济发展水平常用的两种测算方式。

在数字经济增加值测算中，经济合作与发展组织（OECD）研究认为，数字经济发展水平测算应从数字技术革新、数字基础设施、数字化社会治理、数字行业发展四个方面进行，并且需要合适的测算指标；美国商务部经济分析局从数字媒体、数字基础设施以及电子商务三个维度测算数字经济产值，结果表明，2018年数字经济占 GDP 的比重为 9%；中国信息通信研究院认为，数字产业化、产业数字化、数据价值化、数字化治理共同构成数字经济评价体系，数字产业化和产业数字化依赖于经济活动产出，但数字化治理与数据价值化并不能直接使经济增加值改变。综合来看，运用数字经济增加值进行测算能够清晰地表示出数字经济占 GDP 的比重，但是需要从国民经济活动中将数字经济活动抽离出来，存在一定的理论和技术障碍；另外，各个国家和地区对于增加值的计算和统计也并未形成统一的计算和测量方法，相互之间难以横向比较。

构建数字经济指数是测算数字经济发展水平最为适用的方法，该方法多是基于数字经济发展报告进行的。由于各个机构和学者的侧重点不同，因此从不同角度构建了数字经济评价指标体系，以此测算数字经济发展水平。陈伟光等从数字经济产业发展、数字经济基础设施、数字经济创新环境和数字化应用四个维度构建了数字经济发展指数[①]；盛斌等构建了包括数字产业、数字基础设施、数字治理在内三个维度的数字经济发展指数[②]。学者们基于数字经济指数，运用主观赋权法、综合评价法、客观评价法等多种方法测算区域数字经济发展水平。其中，主观赋权法包括层次分析法、厚今薄古法等；客观评价法包括熵值法、主成分分析法、聚类分析法等；综合评价法包括主客观相结合赋权法，或在计算过程中改进某级指标的衡量方法。基于此，陈永伟等运用改进的指数法，从数字基础设施、数字融合、数字环境、数字产业四个方面构建了数字经济发展指标体系，进而测算 2015—2020 年中国省域数字经济发展水平，分析了国内数字经济空间发展格局[③]；沈洋等构建了包含数字化创新、数字化应用、数字化效益、数字化基础四个维度的数字经济发展综合评价体系，进而运用全局时序因子分析法，测算中国 30 个省份 2013—2019 年数字经济发展水平，并对各省份的数字经济发展指数的空间延伸性和空间关联性进行分析[④]；王军等建立了包括数字经济发展载体、数字经济环境、数字产业化和产业数字化四个维度的数字经济发展评价指标体系，基于 2013—2018 年 30 个省份的面板数据，运用熵值法、描述性统计、自然断裂分级法和莫兰指数等方法测算中国 30 个省份、四大地区以及五大经济带的数字经济发展水平[⑤]。

（二）数字经济的影响因素分析

综合分析已有研究可知，数字经济发展受到多元要素的综合影响。学者们利

① 陈伟光，张嘉渭，刘彬. G20 国家数字经济发展水平测度及中国的提升策略 [J]. 亚太经济，2023（5）：11-21.

② 盛斌，刘宇英. 中国数字经济发展指数的测度与空间分异特征研究 [J]. 南京社会科学，2022（1）：43-54.

③ 陈永伟，陈志远，阮丹. 中国省域数字经济的发展水平与空间收敛性分析 [J]. 统计与信息论坛，2023，38（7）：18-31.

④ 沈洋，周鹏飞. 中国数字经济发展水平测度及时空格局分析 [J]. 统计与决策，2023，39（3）：5-9.

⑤ 王军，朱杰，罗茜. 中国数字经济发展水平及演变测度 [J]. 数量经济技术经济研究，2021，38（7）：26-42.

用不同方法对不同地区数字经济发展的影响因素进行量化分析。其中，陈婷基于2016—2020年广东省21个地级市的面板数据，建立了基准回归模型，分析得出自主创新水平、城镇化水平和经济发展水平对数字经济发展具有正向影响，技术引进和市场化程度对数字经济发展具有负向影响[①]；余渭恒等使用平稳性检验、VAR模型，从ICT发展状况、产业数字化和技术创新三个方面分析了山西省数字经济发展的影响因素，研究发现，信息产业占经济比重、数字经济授权专利与数字经济产业发展呈现正相关，相关因素能够有效促进山西省数字经济发展[②]；刘春梅等以武汉市为例，探究得出数字经济的发展与城镇化水平、贸易开放程度、经济社会发展、政府行为和人力资源密切相关，并提出促进武汉市数字经济发展的对策和建议[③]；曹萍萍认为，县域数字经济的发展受到经济发展水平和人力资本的影响较大，但是对于不同地区而言影响效果存在一定的异质性特征[④]；孙一凡等利用熵权法对数字经济的影响因素进行分析，提出增强农村基础设施建设、提升数字产业投资、加快科技创新驱动等的数字经济发展政策建议[⑤]。此外，还有学者认为政府服务效率、政府数据开放、市场公平性、信用环境均是促进数字经济发展的重要动力。

（三）数字经济的综合效应分析

1. 数字经济驱动高质量发展

（1）数字经济与制造业高质量发展

数字经济对制造业高质量发展的影响效应可分为时间效应、结构性效应、网络效应。

时间效应可分为短期与长期。在短期内，数字经济能降低信息的时空错位，使消费者在移动终端快速获取消费品的背景信息，减少信息传播的时空成本，从而促使买卖双方快速达成交易。这就是数字经济的发展推动生产要素配置效率的提高。从长期效应来看，随着数字经济的深入发展，制造业与数字经济高度融

① 陈婷. 广东省数字经济发展水平测度及影响因素分析 [J]. 科技创新发展战略研究，2023，7（2）：40-48.

② 余渭恒，邓卓辉. 数字经济质量及其影响因素分析——以山西省为例 [J]. 商讯，2023（20）：1-5.

③ 刘春梅，陈欣悦，杨喜乐. 武汉市数字经济发展现状及影响因素研究 [J]. 中国商论，2023（19）：47-50.

④ 曹萍萍. 中国县域数字经济发展的空间分异及影响因素研究 [J]. 沈阳大学学报（社会科学版），2023，25（5）：16-24.

⑤ 孙一凡，杜改凤，李军成. 湖南省农村数字经济发展的影响因素分析 [J]. 时代经贸，2023，20（2）：132-136.

合，推动制造业数字化转型升级；数字技术促进企业智能化生产运营，提高产业生产的效率；数字基础设施形成规模效应，促进制造业对数字经济更为广泛的使用，实现企业高质量发展。

结构效应大致可分为数字基础设施、数字产业化、产业数字化、数字化治理四个方面。①数字基础设施对制造业高质量发展的影响贯穿制造整个阶段，促进各个阶段的生产效率提高。研发阶段，包括云计算在内的数字基础设施能有效地收集和处理研发信息，研发材料能被高效地传输分析以及设计运用；生产阶段，数字技术的应用有利于形成智能、全面、系统、协同的生产制造过程，优化生产流程；市场匹配阶段，数字技术打破信息壁垒，塑造企业和消费者之间的交流平台，扩大市场交易范围。②数字产业化一方面为制造业提供数字化信息，打破并重组生产要素，提高配置效率；另一方面，数字化信息能突破行业壁垒，加快技术、资金、人才流动，使产业融合深化发展。③产业数字化首先能够降低企业的生产和创新成本，并降低企业边际成本；其次，产业数字化为较多的中小型企业提供发展空间，通过科技创新获取资源，打破大型企业的垄断；最后，产业数字化更新商业模式，管理模式的变革可提高员工的积极性、增加企业效益。④数字化治理能为制造业的发展提供强有力的保障，主要体现为以下两个方面：其一，数字化能使政府广泛地获取企业发展信息，为企业的发展提供精准的发展指引；其二，企业利用数字技术精确了解企业诉求，协同发展关系，制定适合产业发展的策略。

数字经济发展初期高成本、低回报的数字化经营模式导致企业放弃数字化应用，但后期随着数字经济发展，边际成本减少，制造企业加大对数字技术的开发与使用，制造业的生产效率得到提高，数字经济红利凸显，这说明数字经济对制造业的网络效应存在非线性特征，只有当数字经济发展到了一定水平，对制造业的促进作用才会增强。

（2）数字经济与旅游业高质量发展

数字经济的飞速发展影响着社会的运行结构与发展方式，旅游业高质量发展又是重大的时代课题。将数字经济和旅游业高质量发展纳入同一研究体系，能够有效赋能旅游业高质量发展。

数字经济直接作用于旅游业，推动旅游业质量变革。首先，数字经济融入旅游产业，提高信息透明度，矫正资源错配，促进资源的优化配置，使人力、技术、物质等要素合理流动，保证要素充分利用。其次，数字经济调整旅游资源配置、主体价值分配，完善旅游服务；同时，数字经济助力旅游与文化产业融合，文旅产品推陈出新，提高旅游效益。最后，数字经济推动旅游产品精品化、深度化、定制化，提升旅游者服务体验，满足不同游客群体的需求。

数字经济打破时空障碍，提升资源配置效能，减少资源配置成本。旅游供给者利用包括大数据在内的数字经济技术向需求者匹配、定制旅游服务产品；信息的无障碍化交流使生产链各个环节包括生产、管理和服务效率得到进一步提升，惠及更广泛的消费群体。数字经济与旅游业融合发展，可促使旅游产业创新性发展。

人工智能与大数据技术融入旅游产业，为旅游企业和消费者提供了交流平台，可使企业方便为用户服务，尽可能多地为游客提供文旅产品，创新企业研发思路，吸纳更多网络成员，促进技术创新和传播，增加新价值。数字经济革新旅游产业组织管理模式，优化旅游产业结构。数字经济的强渗透性促使其与其他产业融合发展，进而发展智能化旅游产业。数字平台能降低信息的不对称性，分散旅游信息，为公共服务提供反馈信息，促使服务体系创新发展，提升公共服务设施的网络覆盖水平，加快旅游目的地的数字化转型升级，促使旅游公共服务由政府主导转为多元互动，助力旅游高质量发展。

（3）数字经济与对外贸易高质量发展

对外贸易是拉动国民经济增长的"三驾马车"之一，对于经济增长起到不可替代的作用。目前，我国经济进入高质量发展阶段，伴随大数据、互联网的发展，数字经济在经济发展中的作用不容小觑。数字经济具有的渗透性和覆盖力让信息交流、要素流动变得方便快捷，创新性地发展新业态、新产品、新模式，提高产业生产效率和产品的国际竞争力。根据已有的研究，数字经济对外贸企业的发展具有直接的促进作用，对东部地区的影响尤为明显，中、西部地区次之，存在区域异质性，但对于交通设施建设、劳动力水平正向影响并不突出，数字经济的发展，使贸易领域劳动力需求缩减，而设施建设速度不及生产者集聚生产速度，致使生产者因利润降低而离开市场，对外贸发展呈现出负向影响。

（4）数字经济与数字政府高质量发展

数字经济对政府高质量发展具有正向促进作用，数字经济赋能政府高质量建设体现在完善基础设施、数字产业发展、数字化普及三个方面。

数字基础设施建设加强政府供给能力，可通过设施建设提升网络覆盖率，满足不同领域的政务需求，提高办事效率，完成不同种类、复杂程度的政务任务，提高政府治理水平。数字基础设施既是政府的供给侧要素，又是优势需求侧要素。加强数字基础设施建设可促进社会、公民、企业以及组织的数字化转型，提高信息交流频率，提高居民的参与感，增强数字政府的需求响应能力。数字基础设施建设能激发创新活力，培育新兴产业，促进区域协调发展和产业转型升级，实现跨领域、跨地区协同创新，打造服务能力更强的政府服务模式。

在数字经济推进政府高质量发展建设中，数字产业起到了举足轻重的作用。数字化产业能为政府的数字化运营起到强有力的支撑作用，并且数字化产业的蓬勃发展能为政府的数字化转型起到有力的支撑作用。政府数字化建设能进一步提高政府的办事效率和经营管理的精细化程度。数字产业能提高政府的治理水平和公共服务效能，使政府联动、信息共享，加强政府的处理能力。同时，数字产业的发展能带动产业的数字化转型，提高企业生产效率。数字经济和数字产业协同能加快经济发展。

在数字经济和数字政府建设过程中，数字化普及是其中较为关键的一个环节，从较多方面影响数字经济高质量发展和数字政府的高质量建设。数字化普及能够加强政府与市民之间政务信息和建设意见的交流共享，有针对性地解决公民的反馈问题。大数据、物联网的创新性发展，能够实现政府的数字信息化发展，加快政府数字化建设。数字化普及能够助力数字经济转型升级，为数字经济发展提供丰富的资源基础，促进经济可持续发展。此外，数字化普及能为政府高质量建设提供坚实的保障。

2. 数字经济促进城乡融合

数字经济是城乡融合发展的新动能与新引擎，为城乡融合发展带来新机遇[①]。随着数字经济的蓬勃发展，数字经济逐渐渗透到生活领域以及生产领域，通过数字经济与各个产业的深度融合，构建城乡新型生产要素交换体系。数字经济对城乡融合发展效应不仅有直接影响，促进城乡公共服务资源共享、传统工农业升级、城乡经济进步，而且通过空间溢出效应及中介作用对其产生间接影响效应。

（1）数字经济对城乡融合的直接影响

数字经济对城乡融合的直接影响效应体现在赋能城乡要素流动、城乡经济增长、公共服务完善、生态环境改善四个方面。具体来看：

数字经济加快了城乡要素流动。第一，城镇化过程中，大量的劳动力资源、资金、人才、技术等生产要素流入城镇，城乡发展差距增大。数字经济可通过赋能传统生产要素，使数字技术与传统要素结合，重新规划配置城乡之间未利用的

---

① 王军，柳晶晶，车帅. 长三角城市群数字经济发展对城乡融合的影响 [J]. 华东经济管理，2023，37（8）：33-41.

土地资源、劳动力资源。第二，数字经济能突破信息壁垒，减弱信息不对称性，提高要素配置效率。在劳动力方面，可运用大数据技术解决农村劳动力"务工难"的问题，及时有效地反馈就业信息，使劳动力转移至城市。同时，发展数字经济可提高劳动力科学文化知识与技术水平，引导高素质人才回流至农村地区，提高劳动力在城乡间的配置效率。在资金方面，可提升资金在城乡间的配置效率，利用数字金融普惠弥补农民资金缺口，加强资金向农村地区的流动。在技术方面，可通过数字技术解决生产难题，促进技术在城乡间流动。

数字经济促进了城乡经济增长。农村地区受资源环境、地理位置的限制，农民仅依靠外出打工和农耕劳作为主要收入来源，与城市差距过大。数字经济通过赋能传统农业，使传统农业朝着智慧化方向发展，通过利用大数据改善农产品种植结构，提高作物生产效率，增加农产品产量；数字经济使农业与非农业相结合，发展新业态，打造特色旅游产业，提供就业机会，为经济发展增添动力。借助大数据服务平台，可拓宽农产品销售渠道，有效解决在农产品流通过程中农户、批发商、买家交流不畅的问题；同时，电子商务发展使消费结构升级，农户可通过网络平台购买各类商品，城市居民也可方便购买农户产品、服务，带动经济发展，促进城乡消费市场一体化。

数字经济加快了公共服务完善。农村基础设施、医疗教育设施、环境卫生设施等相比于城市严重落后，可通过数字化治理和构建公共服务平台推动城乡发展一体化、公共服务均等化。第一，政府可建立城乡服务平台，实现线上线下一体化办公，推动城乡标准化建设，进而提高政府的决策能力；同时，利用物联网等数字服务平台建设数字化农村基础设施，使公共服务数字化，优化设施服务，帮助政府统筹规划。第二，利用大数据平台建立互联网与教育医疗的服务体系，使农村享用优质的资源，提高农村教育水平，实现社保、医保一体化办理，提高医疗保障水平。

数字经济利于生态环境改善。城镇化进程的推进，使一些高污染、高能耗的企业开始向农村地区转移，造成农村地区环境污染严重。数字经济的发展能优化产业结构，降低损耗，减少废弃物排放，提高资源利用效率，引导产业朝着绿色方向发展。企业和政府可通过建立污染检测平台，针对污染提前预警，制定切实可行的处理方案，合理规划环境保护区域，加强城乡环境监管，建立人与自然和谐共生的友好型环境。

（2）数字经济对城乡融合的间接影响

数字经济对城乡融合发展的间接影响效应包括空间溢出效应、中介作用机制。具体来看：

数字经济对城乡融合发展的空间溢出效应。美国学者伊尔马兹于2002年研究美国48个州经济发展和数字基础设施建设之间的关系时，得出数字经济发展能通过空间溢出效应推动经济发展的结论，他还验证了基础设施建设促进各地区生产要素效率的提高，数字经济的发展受空间因素影响，对周边地区产生带动效应或者掠夺效应。城乡融合发展受空间因素影响，突出体现在要素流动方面，一个地区的城乡经济发展会带动周边地区城乡融合；同时，该地区产业发展也能够吸引不同地区的资金、技术、劳动力、人才流入，掠夺周围地区的发展资源，阻碍城乡发展进程。数字经济对城乡融合发展的影响不受时间地域限制，所以，根据地理学第一定律，数字经济的发展对城乡融合也具有空间溢出效应。

数字经济对城乡融合发展的中介作用机制。数字经济能促进产业结构升级、促进城乡融合发展，进而推动城乡经济、要素、生态融合。数字经济可深化产业融合，催生新业态，匹配人才资源、劳动力资源，使农村人口迁入城市；同时，农村产业升级可吸引城市高素质人才返乡，使资金、技术等要素流入农村。数字技术的"流动"打破城乡产业技术壁垒，促进资本、技术、劳动力资源的优化配置。数字经济推动农业数字化发展，实现第一、二、三产业深度融合，带动农村经济发展，缩小城乡差距。数字经济使传统产业由高能耗、高污染专项转为低能耗、高效率，减少环境污染，推动农业科学地进行生产管理，助力生态环境保护。

3. 数字经济推进共同富裕

数字经济对共同富裕的影响机制体现在发展、共享、可持续三个方面。

（1）数字经济对共同富裕的发展效应

一是推动农业农村现代化。工业生产效率远高于农业，这造成城乡地区收入差距过大，使城乡经济发展不均衡。数字经济能驱动农业转型，提高农业生产效率，增加农村地区收入。效率的提升体现在以下四个方面：第一，数字经济将智能化、自动化技术与传统农业融合，减少生产损耗；第二，数字技术的应用可提高农业机械化效率，拉动农业部门资本边际效益的提升；第三，数字化平台可实时精准监测生产问题，并使数据高效共享；第四，提升生产效率的同时，拓宽农产品的销售渠道，加速产品与原材料的双向流动，增加产品收入。

二是增加低收入人群的收入回报。第一，数字化技术可降低信息不对称性，扩大就业人群，提高就业率。第二，数字经济可降低知识和技能获取的门槛，使低收入人群主动获取知识及技能，提高自身素质，增加收入。第三，数字金融可提高金融服务对基层群体的可得性，金融支持能刺激创业，从而带动经济发展。

三是农村产业与就业结构升级。乡村振兴是实现共同富裕的重要抓手，数字经济为乡村振兴创造新兴业态，使广大农民转行从事非农产业。数字经济可助力乡村旅游、电子商务、物流服务等产业与农业深度融合，增加农业人口就业岗位，实现农业结构与农村就业结构的转型升级。

（2）数字经济对共同富裕的共享效应

一是提升政务治理能力。数字经济发展可帮助我国政府提高治理能力、实现治理体系现代化。数字化技术能监测不但可抑制贪污腐败的行为，提高政府执政效率，还能使政府精准税收，增强收入再分配的合理性，促使政府从质量管理转向质量治理，使公共服务资源有效化、灵活化。

二是公共服务资源共享。数字技术可加强公共服务部门对于群众需求的识别、预估：识别群众多样化诉求，预估公共服务设施供给数量和质量，做好前瞻性规划。以需求为主导的公共服务提供了高效的市场化选择，政府可以以外包的形式或商业服务的形式完善公共服务。数字经济可推进公共服务均等普惠可及。数字平台提供了更多获取公共资源的渠道；在线医疗、教育和智慧化养老等新兴领域的兴起，道路公共资源的空间限制，缩小了公共服务差距。

三是社会保障体系完善。我国近年来老龄化问题凸显，致使劳动资源匮乏，数字技术可促进产业结构转型，减缓产业对劳动力的依赖，提升要素生产率，以此促进经济发展。此外，公共部门能通过在线办理社保业务，减少社保办理和取证审核、评估监管等环节的成本，提高社会保障链条的运作效率和质量。

（3）数字经济对共同富裕的可持续效应

一是提升经济可持续增长动力。自主创新能力是共同富裕的内生动力，数字经济具有外部溢出效应，加快了人才、技术、资金的流通速度，降低了时空成本，有利于技术创新。数字经济可推动农业、制造业、服务业升级，提高全要素生产效率。数字技术可催生电子商务、线上文旅新的消费模式，激发消费潜力。经济的高质量增长有利于完善社会保障制度、提供优质公共服务，为保证经济持续向好提供财政支持。

二是提升经济循环效率。数字经济可降低交易成本、实现产业链整合、提高产业链运转效率。数字经济具有规模效应和范围经济效应，可优化资源配置、加强市场竞争。数字经济能破除城乡壁垒，加快要素双向流动效率，促进经济循环。

三是经济绿色转型。传统产业在数字技术的驱动下可实现升级，减少废弃物排放；企业通过数字技术，如通过卫星遥感、环境智能化监测等智能检测系统对生产过程中的碳排放、废气排放、废水排放实时监测。数字技术创新为大众的生活提供了绿色新能源交通工具，实现了生产、生活方式绿色转型的良性循环。

4. 数字经济影响低碳发展

供给侧方面，在数字经济背景下，借助大数据，企业可将信息资源作为有效要素投入到碳减排领域，具体体现为以下三个方面：第一，数字经济能有效提高物流与交通运输效率，碳排放量降低；第二，利用数字化能源，智能化提升配电质量，促进可再生能源的规模利用；第三，数字化平台能监测、核查碳排放量和能耗利用情况。需求侧方面，通过数字信息技术，买卖双方能更精确地把握对方的意愿，售卖方能清晰地辨别用户的具体需求，减少资源无效损耗。数字经济还可通过生产、环保、节能技术，激励、引导消费群体。

绿色技术创新在数字经济活动中起着重要的作用，同时也是低碳发展的重要因素。低碳发展客观上要求数字经济对其进行支持与保护，增强碳减排能力和生态环境问题解决能力。在过去的科学研究中，绿色技术创新发展对于数字经济和环境保护具有明显的促进作用。技术创新能为数字经济的发展带来丰富的研发资源和技术储备，以较少的资源供给优质的产品服务，推动碳减排进程。同时，以非化石能源替换化石能源，提高数字生产要素的边际效率，降低碳排放水平，而绿色技术在数字经济影响低碳发展中发挥着调节作用。

绿色技术创新的应用也具有门槛效应，绿色技术应用可加强企业间合作和提高生产效率，为绿色技术创新带领产业发展指明方向，实现减排增效；但是绿色技术的创新应用会扩大生产规模、增加融资成本，会在一定程度上加重环境污染。已有的研究证实了绿色技术创新对数字经济推动产业结构升级和绿色发展的传导机制具有门槛效应。绿色创新技术创新强度的提升、绿色技术的创新应用推动了数字经济发展，使污染物排放量减少，进而推动低碳发展。数字经济对低碳发展的助推效应随着绿色技术创新的深入应用而加强。

（四）数字经济的发展策略研究

在大数据背景下，数字经济成为社会的重要组成部分，对于社会的发展起着至关重要的作用。根据已有研究分析，数字经济发展策略大致可分为以下几个方面：

第一，加强政策支持及法律限制。在"十四五"规划中专门作出"建设数字中国"的部署，加快国家信息化战略的制定和实施，推动信息技术应用不断深化，并出台相应的政策来优化调整数字经济发展方向。政府应针对不同的领域制定出符合数字经济发展的规章制度、法律规范，严格数字经济发展的准入、监管、数据安全等各项数字经济活动，加强数字金融技术的审核、验证，同时采用混业监管和国际共同监管的方式来优化数字金融活动。

第二，加大基础科研和数字技术创新。在人工智能、量子通信等尖端技术上，基本数字技术应有一定的准备。持续增大对数字研发技术的投资，对于科研院所与高校的产学研发活动，实施一系列的支持政策，如增加研发费用、税前加计扣除率等。对关键基础技术，如基础软件、核心元软件等进行深入研究，推动关键软件、工艺装备、系统的创新和推广；针对研究短板，集中力量攻关，在量子计算、超导芯片等关键技术领域获得突破。

第三，加大数字基础设施建设，推动区域数字经济协调发展。政府应增加对数字基础设施的投入，利用先进的数字技术对传统的基础设施进行更新升级。同时，在"卡脖子"的数字领域加强科技与学术交流，营造人才集聚的科研环境。推动资金、技术、人才流动，抓住数字经济机遇，解决区域发展不平衡问题，推动城乡地区、中西部地区跨越式发展，避免区域不平衡进一步拉大。

第四，实现数字产业化和产业数字化，提升数字经济在服务产业的渗透率。一是加速企业信息化建设，增大对企业信息化的扶持力度，有目标、有计划地实现产业数字化转型，实现企业与数字技术的深度融合。同时，实施数字信息发展战略，利用产业链的经济优势，推动数字产业发展；利用数字技术创新形成生产壁垒，建立生产优势。二是发展新兴产业、新兴业态的同时，提升数字技术在服务领域的应用，明确新的业务类型，提升从业人员的技术能力，拓展从业人员的职业发展空间。增强数字经济在制造业的渗透力，改善产业结构并完善相关基础设施。为促进数字经济融入农业领域，可借鉴国外的数字农业技术，发挥农业特色，提升互联网普及与互联网技术，探索与农业相结合的新型电商模式。

第五，利用数字经济规模效应，驱动数字经济开发合作生态圈。利用数字经济规模效应，推动实体经济与数字经济的融合发展，推动经济数字化转型。拓展行业边界，开发新业态，加速推动数字化和产业化的"双轮驱动"，助力数字技术融入制造业，加速传统制造业转型升级。延伸服务产业链，深化制造业设计、金融行业、现代物流以及供应链管理。发展数字经济，推动农业技术发展，改变传统的农业生产与管理模式，优化农业区域布局。同时，加强数字经济的开放性，落实"一带一路"倡议，发挥 G20、APEC、"数字金砖"等国际合作机制的优势，构建跨国的产业链、资金链、价值链、创新链等链条，构筑合作共赢的数字经济合作生态圈。

二、公共服务效率相关研究

法国学者莱昂·狄骥于 1912 年在《公法变迁》一书中最早提出"公共服务"的概念，他认为，公共服务需要政府干预，否则不能得到保障，任何与实现和促进团结紧密相关且必须由政府控制和规范的活动，就是一项公共服务。之后，国内外学者围绕公共服务高质量发展、公共服务均等化、公共服务效率、公共服务效应等内容开展了系统研究。

（一）公共服务高质量发展研究

基于中国知网，以"公共服务高质量发展"为主题，以"核心期刊+CSSCI+CSCD"为来源类型，共检索出 689 篇文献。从图 2-1 可以看出，自 2017 年 11 月党的十九大报告提出高质量发展概念以来，公共服务高质量发展的相关研究随之也呈现逐年递增的态势，文献数量由 2018 年的 19 篇增至 2022 年的 201 篇，2023 年公共服务高质量发展研究成果有所减少，降至 137 篇。

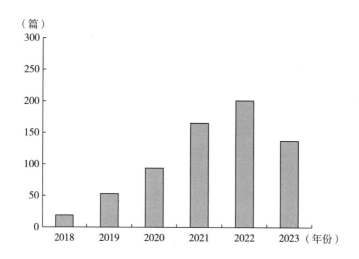

图 2-1　2018—2023 年公共服务高质量发展文献时间分布

资料来源：根据"CNKI 中国知网"数据库整理而成。

通过梳理文献发现，公共服务高质量发展的内涵阐释、公共服务高质量发展的综合评价和公共服务高质量发展的实现路径等是公共服务高质量发展相关研究的重点关注领域。具体来看：

一是公共服务高质量发展的内涵阐释。王震①指出，高质量的公共服务是实现共同富裕的条件和基础。基于共同富裕视角，他从供给结构优化、均等共享实现、供给效率提高三个方面阐释了公共服务高质量发展的深刻内涵。从供给结构优化来看，公共服务制度安排、供给规模和供给结构与需求结构的升级和转变匹配；从均等共享实现来看，要在公共服务均等化基础上推进优质公共服务均衡共享；从供给效率提高来看，要以更加高效的公共服务推进公共服务高质量发展。杨铭宇等②认为，公共服务高质量发展重点在于解决城乡发展不平衡与不充分的问题，以此满足人民群众的美好生活需要，提高人民的获得感与幸福感。狭义上，公共服务高质量发展是要为人民群众提供高质量的公共产品与服务，旨在改善人民群众的生活生产环境，提升生活生产质量；广义上，公共服务高质量发展是社会经济高质量发展的重要组成部分，以公共服务体系建设为基本抓手，旨在促进城乡一体化和乡村振兴，最终实现共同富裕。项松林等③从狭义和广义两个角度阐释了公共数字文化服务高质量发展的内涵：从狭义上来看，是政府等主体运用数字技术整合文化等资源，是一种新型文化形式，具有公益性和共享性等属性；从广义上来看，是为满足群众文化需求，服务主体所提供的全部数字文化资源服务，包括数字图书馆、数字博物馆、数字文化资源库等多种形式。

二是公共服务高质量发展的综合评价。彭雷霆和张璐④认为，建立科学的评价指标体系是推进公共文化服务高质量发展以及提升公共文化服务水平的关键。基于高质量发展内容，立足过程质量、结果质量，从过程改进、绩效控制、价值控制、受众感知四个方面，他建立了公共文化服务高质量发展的评价模型，并运用加权综合指数法对中国公共文化服务高质量发展程度进行测度。研究发现，中国公共文化服务高质量发展水平整体不高且省域差异较大，与社会经济发展水平不同步，数字化、均等化、品质化是主要制约短板，存在着较大的提升空间。徐增阳等⑤从基础教育、公共文化、医疗卫生、社会保障、基础设施和环境保护六个方面出发，构建了公共服务质量的评价指标体系，并对中国省域公共服务质量

① 王震．共同富裕目标下促进公共服务高质量发展的重点问题［J］．经济纵横，2023（2）：73-82．

② 杨铭宇，张琦．从空间不平等到空间正义：农村基本公共服务高质量发展的理论阐释与实践路向［J］．南京农业大学学报（社会科学版），2023，23（5）：86-96．

③ 项松林，杨彪．公共数字文化服务高质量发展：内涵、逻辑与路径［J］．图书馆理论与实践，2023（6）：12-17．

④ 彭雷霆，张璐．公共文化服务高质量发展评价研究［J］．宏观质量研究，2023，11（2）：90-101．

⑤ 徐增阳，杜亚楠．中国基本公共服务质量的时空变化及影响因素分析［J］．统计与决策，2023（9）：80-84．

进行时空特征和影响因素分析。结果发现，不同维度的公共服务质量发展不均衡，其中，基础教育和公共文化发展较好；各省份公共服务质量逐渐演变为"中高水平均分、低水平消失"的发展态势，政府干预、人力资本、城市化水平对周边地区产生显著正向溢出效应。

三是公共服务高质量发展的实现路径。章文光等[①]提出，易地搬迁安置区的公共服务高质量发展应当从基础安置、生产就业、社会融入三个方面展开，他们从资源、技术、制度和主体"四重要素"着手，充分考虑生活、生计、社会三个空间的不同特点，确保达成空间分配正义，以保障安置群众的基本民生需求。陈浩和王皓月[②]基于农村公共服务高质量发展的深刻内容，从构建府际合作体系、实现精准化管理和供需有效衔接、激发地方政府推进的内生动力、提升各类乡村主体的参与作用四个方面提出农村公共服务高质量发展的对策和建议。睢党臣等[③]针对农村公共服务质量测度结果，从各地实际出发，提出提升农村公共服务质量的路径，即：强调充分发挥北京、天津等地区公共服务质量好的优势，加大质量提升力度；针对河北、安徽等地区公共服务质量相对较高的特点，完善社会保障制度，提高农村教育质量，加强电力、水力和通信设施建设；针对山西、内蒙古等地区公共服务质量整体较差的情况，大力推进通信设施、电力、社会保障事业、科教文卫事业等的协同发展，整体提升农村公共服务质量；针对西藏地区，加大中央政府投资，提高医疗服务质量，完善医疗卫生服务体系，发展节水灌溉技术，发展节水农业，提倡多种形式的助学活动等。

（二）公共服务均等化研究

公共服务均等化是公共服务高质量发展的关键指标之一，是全体人民能够获得的公平可及、相对均等的公共服务。基于中国知网，以"公共服务均等化"为检索主题，以"核心期刊+CSSCI+CSCD"为来源类型，共检索出2747篇文献。从图2-2可以看出，自2005年党的十六届五中全会首次提出"公共服务均等化"这一改革命题以来，公共服务均等化相关研究文献数量呈现快速增长态势，文献数量从2005年的2篇增至2011年的283篇；2012年以后，公共服务均等化相关研究文献数量呈现下降态势；2018年以后，相关研究文献数量开始相

---

① 章文光，杨谨憶，张桓浩. 易地搬迁安置区基本公共服务高质量发展的价值内涵与建构机制——基于空间正义视角的分析［J］. 重庆社会科学，2023（11）：83-99.

② 陈浩，王皓月. 农村公共服务高质量发展的内涵阐释与策略演化［J］. 中国人口·资源与环境，2022，32（10）：183-196.

③ 睢党臣，肖文平. 农村公共服务质量测度与提升路径选择——基于因子聚类分析方法［J］. 陕西师范大学学报（哲学社会科学版），2014，43（5）：148-158.

对稳定。从图 2-3 可以看出，对公共服务均等化进行相关研究的单位相对集中，前十五位研究机构依次为中国人民大学、武汉大学、华中师范大学、吉林大学、四川大学、北京大学、南开大学、中央财经大学、中国财政部财政科学研究所、中南财经政法大学、国家行政学院、东北财经大学、复旦大学、中山大学、山东大学。

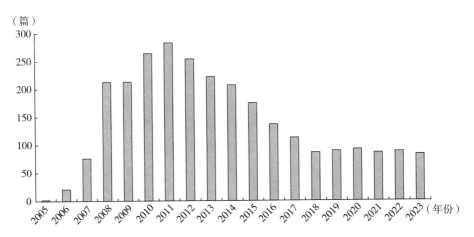

图 2-2 2005—2023 年公共服务均等化文献时间分布

资料来源：根据"CNKI 中国知网"数据库整理而成。

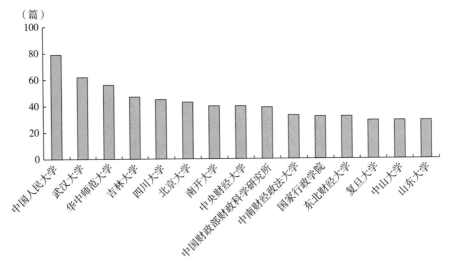

图 2-3 2005—2023 年对公共服务均等化进行相关研究的前十五家单位

资料来源：根据"CNKI 中国知网"数据库整理而成。

通过梳理文献发现，公共服务均等化测度与评价、公共服务均等化影响因素和公共服务均等化实现路径等是公共服务均等化研究的重点关注领域。具体来看：

一是公共服务均等化的测度与评价研究。李华等①基于高质量发展背景，从教育、基础设施、医疗卫生、公共安全、公共文化、社保就业、环境保护、科学技术八个维度构建公共服务均等化评价指标体系，并对中国公共服务均等化水平进行测度与评价。研究发现，公共服务基尼系数明显下降，说明中国公共服务均等化水平加强，四大区域公共服务均等化存在内部差异，但差异不断缩小。马海涛等②基于公共服务的基础性、享有普遍性和实施公平性，从民生类、社会类两个角度构建中国式现代化背景下的公共服务均等化评价指标体系，其中民生类一级指标下选择了公共教育、医疗卫生和文化投入三个二级指标，社会类一级指标下选择了公共设施、住房提供、就业保障和社会保险四个二级指标，他们对中国公共服务均等化水平进行了测算，研究发现，中国公共服务均等化程度有所提高，但其空间差距存在扩大的趋势，东部地区公共服务均等化极化现象有所缓解，西部地区公共服务均等化存在多极化现象。吕炜等③认为，对于公共服务均等化的研究应更多地关注城市内部的公共服务均等化问题，基于此，他们依托前期收集的问卷数据，运用回归模型中的残差分析构成标准化个体满意度得分，进而通过计算个体间标准化的满意度变异系数测算城市内部的公共服务均等化水平。研究发现，中国城市间内部公共服务均等化水平呈现出显著差异。姜晓萍等④从实现程度视角开展公共服务均等化指标体系的构建与评价，即按照政策制定、政策产业和政策感知的逻辑，构造政策环境公平、供给水平发展和人民群众满意的评价维度及指标体系。

二是公共服务均等化的影响因素研究。公共服务均等化进程的实现受到经济发展、财政支出、居民需求、治理理念、人口规模、社会环境、政治体制等多元要素的综合影响，这其中既有政府作用也有市场力量，既有内部动力也有外部推

① 李华，董艳玲. 中国基本公共服务均等化测度及趋势演进——基于高质量发展维度的研究 [J]. 中国软科学，2020（10）：74-84.

② 马海涛，陆胤，李永海. 基本公共服务均等化推进共同富裕的实证研究 [J]. 河北经贸大学学报，2024，45（1）：25-35.

③ 吕炜，张妍彦. 城市内部公共服务均等化及微观影响的实证测度 [J]. 数量经济技术经济研究，2019，36（11）：101-120.

④ 姜晓萍，康健. 实现程度：基本公共服务均等化评价的新视角与指标构建 [J]. 中国行政管理，2020（10）：73-79.

动。范柏乃等①指出，公共服务均等化的政策运行是从需求收集、服务供给到服务评价的高质量的管理过程，通过需求机制、供给机制和监督机制来保证系统的有效运行。该运行机制本质上是一个动态的可持续的治理体系，这其中既有行政力量的干预，也有市场力量的驱动。

三是公共服务均等化的实现路径研究。彭迪云等②基于中国公共服务均等化测度结果，以人民群众美好生活需要的满足为战略导向，从现代财政制度完善、多元主体参与机构优化、乡村振兴战略推进、监督考核机制健全等方面提出推动公共服务均等化的对策和建议，以此不断提高公共服务的均等化程度和供给水平。刘小春等③基于中国公共服务均等化水平与影响因素结果，提出促进公共服务均等化的对策和建议，即实施差异化的公共服务转移支付政策手段，以财力均等化为标准转变公共服务均等化基本模式观念，加大对中部地区中央一般转移支付和专项转移支付，改善财政转移支付制度，完善财政分配体系，建立均等化评估体系，加快公共服务体系法律法规的建设等。

（三）公共服务效率研究

基于中国知网，以"公共服务效率"为主题，以"核心期刊+CSSCI+CSCD"为来源类型，共检索出 376 篇文献。从图 2-4 中可以看出，自 2005 年以来，公共服务效率相关研究文献数量波动特征较为明显，但整体呈现增长态势，文献数量从 2005 年的 5 篇增至 2023 年的 15 篇，2018 年公共服务效率研究数量最高，达到 29 篇。

通过梳理文献发现，效率评价、驱动机制和提升路径研究是公共服务效率研究的重点关注领域。具体来看：

一是公共服务效率评价研究。公共服务效率评价始于 20 世纪 20 年代，是在福利经济学效率评价基础上发展而来的。旧福利经济学家亚当·史密斯、约翰·穆勒、庇古等认为公共产品最公平的供给是最有效率的，能否为最广泛的人员享有是公共服务效率的最高标准。1978 年提出的数据包络分析模型（DEA）成为公共服务效率评价的有效工具，投入—产出指标体系的构建成为效率评价的重要

---

① 范柏乃，唐磊蕾. 基本公共服务均等化运行机制、政策效应与制度重构 [J]. 软科学，2021，35（8）：1-6.

② 彭迪云，王玉洁，陶艳萍. 中国地区基本公共服务均等化的测度与对策建议 [J]. 南昌大学学报（人文社会科学版），2021，52（4）：51-61.

③ 刘小春，李婵，熊惠君. 我国区域基本公共服务均等化水平及其影响因素分析 [J]. 江西社会科学，2021，41（6）：77-88.

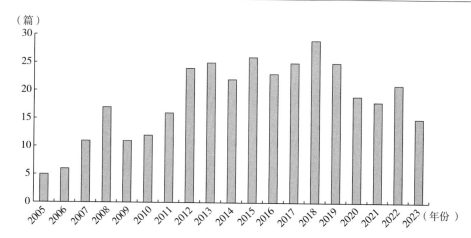

图2-4　2005—2023年公共服务效率文献时间分布

资料来源：根据"CNKI中国知网"数据库整理而成。

基础。国外侧重医疗卫生服务、教育服务、环境服务、公共交通服务运营和生态系统服务等单项公共服务效率评价；国内以全国、省级、市级为主要研究区域，开展公共服务效率或单项公共服务效率综合评价，如邓宗兵等（2014）从教育、公共卫生和社会保障三个方面构建公共服务效率评价体系，运用三阶段DEA模型对31个省份的公共服务效率进行了实证研究。

二是公共服务效率驱动机制研究。公共服务效率受到经济发展、财政政策、地理环境、产业结构、人口密度等多方因素的综合驱动。Tobit回归模型是外生环境对公共服务效率影响判读的常用方法，正好符合基于DEA得出（0，1）效率值的特征；也有学者运用灰色关联度模型、多项罗吉特模型等诊断相关变量因素与公共服务效率之间的影响关联程度。需要特别注意的是，不同外生变量对不同内容主体和不同研究区域的影响既有相似之处，也有相悖之处。国外侧重供给方式、供给质量、预算限制、公平性等单一要素的影响；国内多从宏观视角系统考察公共服务效率的驱动机制，强调多元要素的综合影响，目前开始关注中国式分权、晋升压力、技术创新、地方政府行为偏向等与公共服务效率的关系，如储德银等通过研究发现，中国式分权与公共服务效率之间具有显著的非线性效应，并且这种效应是一个不断凸显的渐进过程①。

三是公共服务效率提升路径研究。公共服务效率提升需要全方位的综合集

---

① 储德银，韩一多，张同斌，等．中国式分权与公共服务供给效率：线性抑或倒"U"［J］．经济学（季刊），2018，17（3）：1259-1288．

成。考虑到经济发展水平与阶段的差异，国外更多地从制度层面、管理层面和技术层面出发，较为具体地提出公共服务效率的提升方案，包括：引入企业管理办法，强化竞争机制，推进政治体制变革，实施"新公共管理"改革，建立健全公共服务长效机制；应用现代信息技术和仿真技术，构建决策支持系统，保证参与式预算财政更加代表公众利益；基于多智能体模拟技术进行空间决策支持，以保证消费者需求与服务者供应之间的快捷沟通；等等。国内主要从生产机制市场化、运用"互联网+"、引进 PPP 等多个方面，较为宏观地提出公共服务效率的提升思路与策略。

（四）公共服务效应研究

1. 公共服务推动城镇化质量研究

公共服务作为城镇化高质量发展的基本要义之一，通过对人口城镇化、经济城镇化和空间城镇化的有效驱动，进而对城镇化质量产生积极影响。学者们围绕公共服务对人口城镇化、经济城镇化和空间城镇化的影响展开了系统研究，具体体现在：第一，公共服务作为满足人民日益增长美好生活需要的必然要求，有助于人的生活与生产方式的重塑以及文明素质和社会权益的提升，可通过改善生活条件、提高生活质量、提升幸福指数等方式推动人口城镇化进程；第二，公共服务作为区域经济平稳健康可持续发展的必然选择，有助于劳动生产率的提升、公共风险的降低、分工成本的降低和人力资本的积累，可通过促进消费增长、降低贫困程度、调整经济结构等方式推动经济城镇化进程；第三，公共服务作为区域空间结构分类与功能分区的重要依据，有助于资源要素的共建共享、均衡配置和自由流动，可通过优化资源配置、拓展发展空间、实现区域协调等方式推动空间城镇化进程。综合来看，仅有少数学者直接探究公共服务对城镇化的影响。有研究认为，公共服务差异包含区间差异和区内城乡差异两种，差异性质不同，其对城镇化的影响机制不同；也有研究发现，基本公共服务供给效率明显使半城镇化进程减缓，而基本公共服务供给的户籍差异和经济偏向则推动半城镇化进程。①

2. 公共服务推动共同富裕研究

公共服务推动共同富裕的相关研究集中在三个方面：

一是公共服务推动共同富裕的基本逻辑。公共服务与共同富裕价值理念统一、理论基础通约②、治理体系耦合②、高水平高质量的公共服务是促进共同富裕

---

① 尹鹏，曹艳英，王富喜. 中国基本公共服务对城镇化质量的影响研究［J］. 青岛科技大学学报（社会科学版），2021，37（1）：20-26.

② 范逢春. 基本公共服务均等化如何推动共同富裕？［J］. 理论与改革，2023（2）：97-108.

的内在要求和重要基石，在实现共同富裕过程中发挥稳定器、助推器和基础性要素等功能，成为推动共同富裕的关键性制度安排①。

二是公共服务推动共同富裕的内在机理。公共服务作为满足人民群众日益增长美好生活需要的必然要求和区域经济平稳健康持续发展的必然选择，利于劳动生产率的提高、人力资本的积累、生活条件的改善和幸福指数的提升②③，通过人力资本机制、均等化机制和赋权赋能机制，充分发挥其社会阶梯效应、拉动增长效应、分配调节效应和全面发展效应④⑤，进而推动实现共同富裕。

三是公共服务推动共同富裕的多维路径。从公共服务促进共同富裕的现实基点出发，从理念转向、制度设计、能力拓展等方面开展多维优化⑥⑦，强调公共服务供需匹配、优质共享和提质增效，通过公共服务与经济发展相互促进、政府主导与社会参与相互联动、整体推动与重点突破相互并行，突破公共服务约束，加快富裕和共享进程，有力推动共同富裕战略目标的实现⑧⑨。

三、数字经济赋能公共服务研究

（一）数字经济赋能公共服务高质量发展研究

数字经济作为当前经济发展的新动能，突破了时空与资源的限制，正在改写和重构着世界经济版图。加快数字经济和传统服务业深度融合、推动公共服务高质量发展成为大势所趋。开展数字经济在公共服务研究领域的理论探讨，是实现中国式现代化的重要途径和应有之义，不仅能够提升公共服务的服务效率与公平程度，而且能通过有效利用数据资源推动公共服务高质量发展。总的来看，数字经济赋能公共服务高质量大致归纳为三个层次：宏观层面的研究多关注公共服务

①　李实，杨一心. 面向共同富裕的基本公共服务均等化：行动逻辑与路径选择 [J]. 中国工业经济，2022（2）：27-41.

②　龚锋，王昭，余锦亮. 人口老龄化、代际平衡与公共福利性支出 [J]. 经济研究，2019，54（8）：103-119.

③　吕芳.“异构同治”与基层政府购买服务的困境——以 S 街道的政府购买服务项目为例 [J]. 管理世界，2021，37（9）：147-158.

④　胡志平. 基本公共服务促进农民农村共同富裕的逻辑与机制 [J]. 求索，2022（5）：117-123.

⑤　李永友，柏霖. 公共教育服务可及性扩展的共同富裕效应 [J]. 财贸研究，2023，34（1）：1-17.

⑥　黄祖辉，叶海键，胡伟斌. 推进共同富裕：重点、难题与破解 [J]. 中国人口科学，2021（6）：2-11.

⑦　尚虎平.“尽力而为、量力而行”：以“保基本”升级推进共同富裕的逻辑理路 [J]. 行政论坛，2023，30（2）：20-28.

⑧　郁建兴，任杰. 共同富裕的理论内涵与政策议程 [J]. 政治学研究，2021（3）：13-25.

⑨　何文炯. 共同富裕视角下的基本公共服务制度优化 [J]. 中国人口科学，2022（1）：2-15.

的变革趋势以及政府之间的协作创新;中观层面的研究侧重电子政府、电子政务、数字公共服务、智慧城市等领域的概念、阶段以及实施方式;微观层面侧重探讨如何利用大数据、政府网站、自媒体等特定创新因素。

1. 数字经济赋能公共服务高质量发展的作用机制及内在逻辑

陈弘等[①]系统探究数字赋能农村地区公共服务高质量发展的作用机制及内在逻辑,认为数字技术以其全面、高效、准确等的特性为农村地区公共服务高质量发展提供技术支持,具体表现在四个方面:一是数字技术赋能城乡公共服务"需求侧—供给侧"的资源优化整合,合理地向农村配置公共服务资源,达到需求侧与供给侧的动态平衡;二是数字技术既能够有效缩小城市与农村公共服务水平差距,尤其强调通过远程在线服务,又能够弥补农村地区公共服务能力不足的问题;三是数字技术能够挖掘农村地区公共服务覆盖盲区,实现线下服务供给与线上需求的无缝连接,以此保证公共服务全覆盖、无死角;四是数字技术能够充分发挥多方参与的农村地区公共服务匹配机制,重构农村地区公共服务供给,实现数字技术推动下的智慧服务、精准服务。

曹樱子等[②]指出,高质量发展是创新、协调、绿色、开放与共享五大理念的发展,这个观点已经得到学术界的广泛认可。相应地,数字经济通过促进公共服务创新发展、城乡协调发展、绿色发展、开放发展、共享化发展五个方面来推动实现公共服务高质量发展。其中,从数字经济促进公共服务创新发展来看,加快公共服务的供给主体从单一转向多元化,加快公共服务的供给内容从粗放式转向精细化,加快公共服务管理方式由碎片化转向协同化;从数字经济促进公共服务协调发展来看,利于加快资源要素的双向流动,利于优化公共资源配置,利于通过乡村治理数字化缩小城乡之间的公共服务差距;从数字经济促进公共服务绿色发展来看,有助于提高企业生产环节的资源利用率,有助于推动公共产品的绿色改造,有助于实现对生态环境的智能化监管,有助于保障民众对环保数据的知情权;从数字经济促进公共服务开放发展来看,通过构建数字化平台建成开放的公共服务体系,在一定程度上扩大和丰富了公共服务与产品的国际提供范围和种类,进一步提高了公共产品与服务的供给水平;从数字经济促进公共服务共享化发展来看,有助于促进弱能力人群就业、共享平等机会,有助于促进低资产人群

---

① 陈弘,冯大洋.数字赋能助推农村公共服务高质量发展:思路与进路 [J].世界农业,2022 (2):55-65.

② 曹樱子,睢党臣.数字经济赋能公共服务高质量发展:理论机制、制约因素与实现路径 [J].电子政务,2023 (10):28-41.

融资，更有助于缓解偏远地区看病难等问题。然而，总的来看，数字经济赋能公共服务高质量发展依然面临数据安全性较低、大数据意识薄弱、城乡数字鸿沟、共享力度不足、对弱势群体的关注不够、数字贸易壁垒、数字人才缺失等的制约。

2. 数字经济赋能公共服务高质量发展的实现路径

周小刚等[①]基于数字经济对公共服务高质量发展的影响机理和实证分析结果，提出三个方面的内容：一要在资金与政策方面加大资助和支持，加快推动无线光缆、5G基站、宽带网络等数字基础设施的建设，优化数字经济的发展环境；二要推动数字经济和公共服务业深度融合，鼓励传统公共服务加快融入数字经济新模式，保持数字经济在公共服务领域的可持续发展；三要基于差异化发展策略，充分考虑各地经济发展水平和创新投入力度等因素，大力推动公共服务的区域协同联动，加大区域交流与合作，实现公共服务的区域协调均衡。

胡志平等[②]指出，要突破数字化赋能公共资源体制限度，需要从制度改革上进行，即：首先，做好数字赋能公共服务资源配置的制度安排，从制度设计与制度安排上推动城乡统筹的政策衔接，建立城乡一体化政策体系，构建科学合理的数字化公共服务供给模式；其次，加快数字赋能公共服务的标准化制度建设，构建城乡一体的数字资源技术标准体系，制定数字化应用标准，编制标准行动指南，有效推动数字资源共享；最后，建设数字赋能公共服务的激励约束制度，制定规章制度，从法律高度要求将各地数字化资源连接到网络平台，做实数字平台，实现数字平台有链接、有资源，真正实现资源共享。

目前，数字化与各大产业和各大领域的全面融合已经成为热门话题，在所涉及的公共服务业中，数字赋能在线教育、智慧养老和互联网医疗等领域是未来研究的重点。[③]

（二）数字经济赋能公共服务均等化研究

1. 数字经济赋能公共服务均等化的动力机制

数字经济赋能公共服务均等化表现在精准识别服务需求和协同发展两个方面。具体来看：

精准识别服务需求主要体现在以下四个方面：其一，利用大数据技术高效收

① 周小刚，文雯. 数字经济对公共服务高质量发展影响的机理分析与实证研究 [J]. 统计与信息论坛，2023，38（3）：97-105.

② 胡志平，苏子涵. 数字赋能农村公共服务高质量：发展视域、内在逻辑与实践路径 [J]. 西北农林科技大学学报（社会科学版），2024，24（1）：62-70.

③ 夏杰长，王鹏飞. 数字经济赋能公共服务高质量发展的作用机制与重点方向 [J]. 江西社会科学，2021，41（10）：38-47.

集群众需求，进而对数据信息进行分析，具备精准识别功能。这一功能对公共服务均等化具有关键作用。其二，根据群众的诉求灵活调整公共服务标准。目前，虽然建立了国家标准的公共服务体系，但是针对各个地区发展特点的服务标准的制定仍存有一定难度，数字经济能对地区经济、群众诉求、文化氛围、政治要求做出动态分析调整，提高公共设施服务的适宜性。其三，数字平台能根据需求优化资源配置，收集大量数据信息并处理分析，进而因地制宜地制定资源配置方案、提高资源配置效率，为公共服务实现均等化提供保障。其四，数字经济能针对特殊群体的需求实施定制化、特殊化的公共服务，提高服务的针对性和有效性。

协同发展主要体现在以下两个方面：其一，利用数字网络平台公共服务打破时间、地域的限制，实现公共服务在基层落实。例如，线上问诊可帮助偏远落后地区了解病情，在线课堂助力农村地区共享优质教育资源，这使公共服务的范围进一步扩大、质量进一步提高。其二，人口数字化管理缩短了流动人口与户籍人口公共服务设施供给差距。流动人口的数字化管理，降低了流动人口数据信息查找和共享的难度，便于政府提供与户籍人口同质的公共服务。

2. 数字经济赋能公共服务均等化的传导机制

数字经济赋能公共服务均等化的传导机制主要体现在提升政府治理效能赋能公共服务均等化和减缓财政压力赋能公共服务均等化。具体来看：

提升政府治理效能赋能公共服务均等化主要体现在以下三个方面：第一，政府数字化治理措施的引进，可使政府治理结构朝向智能化迈进，信息能在短时间内高效传递，实现各个部门的互联互通，提高办事效率。第二，政府在数字技术的应用下可以掌握海量信息并通过强大的信息处理能力监测风险，提高监管质量。第三，大数据能帮助检察机关及时监管政务人员不作为、渎职和滥用职权等行为，并对其进行精准打击，解决公共服务面临的障碍，提高公共服务均等化程度。

缓解财政压力赋能公共服务均等化主要体现在以下几个方面：数字经济可为政府增加财政收入而挖掘潜在客户需求，通过电商平台满足人民消费需求，拉动新型产业的发展，扩大税基；数字经济可减少信息不对称性，合理规划政府闲置资金，制定科学财政收支方案；数字技术可实现对财政的实时监管，缓解政府财政压力，提高资金利用效率，放宽政府财政预算，加大服务设施建设投入。

四、研究述评

综上，国内外学者围绕数字经济与公共服务效率开展了较为系统的研究，并取得了一系列成果，已有成果为数字经济驱动公共服务效率研究框架的建立健全奠定坚实基础，但目前仍然面临两个亟待深入研究的问题：

第一，少数研究关注数字经济与公共服务均等化、数字经济与公共服务高质量发展等的关系，但针对数字经济与公共服务效率的关系研究几乎是空白的。考虑到数字经济发展是大势所趋，在经济中高速增长阶段必将成为公共服务效率提升的重要推动力，因此有必要深入研究数字经济对公共服务效率的影响问题。

第二，数字经济驱动公共服务效率的作用机制有待揭示。现有研究没有系统地梳理数字经济影响公共服务效率的内在作用机制，同时忽视了传导渠道和影响效应分析，难以正确认识并有效发挥数字经济的公共服务效率提升过程中的促进作用。

基于以上核心问题，本书在构建数字经济影响公共服务效率框架的基础上，系统探究数字经济驱动公共服务效率的传导机制，同时进一步考察影响效应，并提出数字经济驱动公共服务效率的政策路径，以期为数字经济政策的科学制定以及公共服务高质量发展提供有力的智力支持。

本章小结

本章基于国内外数字经济与公共服务效率等的研究现状，科学辨析数字经济、公共服务效率和公共服务数字化等基本概念，系统综述公共产品理论、新公共管理理论、新公共服务理论、公共价值理论和数字治理理论等基本理论，并从数字经济、公共服务效率、数字经济赋能公共服务三个方面系统梳理了国内外研究现状。

第三章 数字经济赋能公共服务的实践探索

  进入 21 世纪以来，数字经济不断驱动着公共服务的创新与发展。一方面，传统线下的公共服务正进行系统的数字化转型。线下的政务办事大厅和政务热线等借助数字技术，逐渐拓展服务平台、重塑服务流程、优化服务界面、提高服务质量等，逐步完善服务理念、权责分工、标准规范和体制机制等。数字经济正在融入服务与治理中，推动服务范式向数字化、标准化、科学化、法治化方向转变。另一方面，新的在线服务平台、渠道、形式不断涌现。2000 年以来，政府部门建设门户网站来进行信息提供、事项办理和政民互动。2010 年以来，通过探索政务客户端和第三方平台提供公共服务，政府和互联网企业广泛合作成为公共服务创新供给的重要驱动力。近年来，人工智能、大数据等新技术不断推动公共服务更加高效和精准。然而，数字经济赋能公共服务效率提升同样面临一系列问题，整体上来看，效果仍然没有达到预期，这成为学者和实践者共同关注与探讨的议题。

  目前，数字经济与各个领域和不同行业的融合发展已经成为热门话题，在所涉及的多个产业中，数字经济赋能教育公共服务、公共卫生服务、养老公共服务和公共文化服务是关注热点。

第一节　数字经济赋能教育公共服务的实践探索

  教育促进人类文明，科技促进教育发展。教育兴则国家兴，教育强则国家强。近年来，教育资源的不均衡以及受教育机会的不平等成为群众呼吁和反映较多的问题之一。"互联网+教育"是数字经济赋能并融入教育行业的表现，是通过网络信息技术与设备实施远程教育活动的一种教育模式。当今世界，科学技术的进步日新月异，云计算、互联网、大数据等现代信息技术正深刻改变着人类的生产、生活与学习方式。随着信息技术的快速发展，教育变革与创新成为各国和地区共同面临的重大课题，因此需要从战略角度全面认识教育数字化的重要意义。

新一代数字技术的迅速发展与日益普及，对于学习型大国和学习型社会的建设提出新要求、提供新支撑。发展数字教育，推进教育数字化与教育现代化是数字中国建设的重要组成，是教育强国建设的战略支撑和发展方向，也是改革所需。党的十八大以来，国家高度重视教育工作，要求要推动中国教育信息化进程实现跨越式发展，使大数据赋能教育得到优化，使教育公共服务能力得到增强。新冠病毒感染疫情防控期间，各种在线平台、公众号和手机应用程序等数字化教育手段发挥了积极的作用，为正常教育秩序的维持提供了支撑。2023年6月，习近平总书记在中共中央政治局第五次集体学习时提出，教育数字化是中国开辟教育发展新赛道与塑造教育发展新优势的突破口，这一重要论述深刻揭示了教育数字化的关键作用，为中国深刻把握新一轮科技革命与产业变革发展机遇以及建设教育强国指明了方向与路径。党的二十大报告明确提出：推进教育数字化，建设全民终身学习的学习型社会与学习型大国。2023年是中国深入推进教育数字化发展的一年，数字化思维发展与数字化治理能力提升成效显著，如世界数字教育大会成功举办、《教师数字素养》正式发布等中国教育数字化十大事件（见表3-1）。

表3-1　2023年中国教育数字化十大事件

序号	日期	事件名称	事件内容
1	2023年2月13—14日	举办世界数字教育大会	以"数字变革和教育未来"为主题，围绕数字学习资源开发与应用、数字化转型、教育数字治理、师生数字素养提升等进行深入交流和讨论，同时发布智慧教育发展指数报告、智慧教育蓝皮书以及智慧教育平台标准规范等，推动了中国教育数字化转型的发展进程
2		正式发布《教师数字素养》标准	在世界数字教育大会正式发布《教师数字素养》标准，主要包括数字化意识、数字化应用、数字技术知识与技能、数字社会责任与专业发展五个维度。本标准适用于教师数字素养的培训和评价
3		发布《教育系统人员基础数据》《教育基础数据》《中小学校基础数据》三项教育行业标准	在世界数字教育大会正式发布《教育系统人员基础数据》《教育基础数据》《中小学校基础数据》三项教育行业标准，从国家层面明确数据标准规范，以此为教育系统、工具、应用、平台等提供底层标准，为打破教育领域的"数据孤岛"、推动教育数据互联互通等提供支撑

序号	日期	事件名称	事件内容
4	2023 年 5 月 9 日	印发《基础教育课程教学改革深化行动方案》	《基础教育课程教学改革深化行动方案》中指出，以教学、课程、科学素养、评价以及新型教师研修发展等为主线，通过数字化赋能基础教育，推进数字化在共享优质资源、拓展教学时空、优化课程内容和教学过程、精准开展教学评价、优化学生学习方式等方面的广泛应用，助力教学效率和质量的提升
5	2023 年 6 月 9 日	"国家智慧教育公共服务平台"获联合国教科文组织教育信息化奖	国家智慧教育公共服务平台是中国教育数字化战略的重要内容，旨在提高教学质量，促进教育公平，引领教育模式创新发展。联合国教科文组织教育信息化奖是联合国教育信息化领域的最高奖项，该奖的获得说明中国在公共数字学习平台建设、数字内容可及性目标实现以及教师与学生数字能力培养等方面走在了世界前列
6	2023 年 6 月 13 日	印发《关于构建优质均衡的基本公共教育服务体系的意见》	《关于构建优质均衡的基本公共教育服务体系的意见》明确提出，要推进国家教育数字化战略，推动数字化基础环境达到规定标准，构建共建共享、互联互通的数字教育资源平台体系，创新数字教育资源的呈现形式，提高教师信息技术应用和数字素养能力，提升数字化管理水平与管理效能
7	2023 年 6 月 19—20 日	召开全国教育数字化现场推进会	此次会议围绕数字学习资源的开发与应用、教育数字治理、师生数字素养提升、教育数字化转型等内容进行讨论，总结了中国教育数字化工作经验与成效，并部署教育数字化战略深化行动，明确了教育数字化的未来发展方向，构建了智慧教育发展新生态
8	2023 年 7 月 26 日	发布《教育部国家发展改革委财政部关于实施新时代基础教育扩优提质行动计划的意见》	该《意见》明确指出，进一步丰富平台优质资源，建设覆盖德智体美劳的数字资源，提升教育治理数字化水平，完善校园安全、阳光招生、集团化办学、党建德育等子系统，探索数字化的社会实践育人体系，实施数字化战略行动
9	2023 年 9 月 22 日	全国政协围绕"中小学教研体系建设"召开双周协商座谈会	此次会议提出，建立专业化培训体系，加强教研队伍建设，推动中小学教师和教研员贯通培养，推动教研资源共享与教研工作创新，创造深度教研条件，创新跨区域跨层级的协同教研机制，推进教研数字化，以此助推基础教育的高质量发展
10	2023 年 10 月 12—13 日	举行教育部与宁夏部区会商会议以及教育数字化助力中西部教育高质量发展推进会	会议指出，一年多以来，国家教育数字化战略行动深入实施，国家智慧教育平台的优质资源供给能力大幅度提升，未来必须坚持"综合集成、应用为王"，将数字教育优质资源的"珍珠"串成"项链"，完善平台功能，拓宽应用场景，建立数字学习生态，助力教育优质均衡与高质量发展

资料来源：《中国教育报》2023 年 12 月 18 日第 9 版。

目前，中国正在深入实施教育数字化的战略行动，通过推进教育数字化转型和融合创新，加快建设国家智慧教育公共服务平台，不断构建数字化时代的教育新形态，促进教育公平，提高教育质量。教育数字化工作取得显著成效，全力谱写教育强国新篇章。

一、加强网络学习空间建设

国家智慧教育公共服务平台（见图3-1）于2022年3月28日上线，是教育部主办的集教师教学、学生学习、学校治理和教育创新等于一体的综合服务平台，通过调动地方、高校、名师名校和教师发展机构等的积极参与，按照教育教学与教研备课等多方面的需求进行汇聚分类，以方便教师按照需求查询和检索。经过建设，国家智慧教育公共服务平台已经基本建设成全球第一大教学资源的数据库。平台聚合中小学智慧教育、智慧职教、智慧高教、服务大厅、读书平台、地方平台、国际平台等多个平台，优质学习资源汇聚、教师个性化学习服务、有组织的教师研训服务是这一平台的显著特征，为人民群众提供十分丰富的课程资源与教育服务。

图3-1　国家智慧教育公共服务平台

资料来源：https：//www.smartedu.cn/.

截至2023年底，国家智慧教育公共服务平台累计注册用户超过1亿，浏览量突破367亿次，访客量高达25亿人次，围绕平台运行监测范围与深度，采集数据500亿条。从"中小学智慧教育"平台来看，汇聚包括德育、课程教学、体育、美育、劳动教育、课后服务、教师研修、家庭教育、教改经验、教材等多个方面在内的8.8万条中小学资源，覆盖65个中小学教材版本共计565册，配套

1.5 万道习题。从"智慧职教"平台来看，汇聚德育、体育、美育、劳动教育、虚拟仿真实训、教师能力提升、教材资源等多个领域的资源。在智慧职教平台，新接入 2.8 万个虚拟仿真、专业教学资源库、在线精品课等，累计汇聚 727 万余条各类优质资源，汇聚 1 万门职业教育领域的在线精品课程。从"智慧高教"平台来看，汇聚思政课、体育、美育、劳动教育、数字素养、院士讲堂等多个领域的课程资源。在"智慧高教"平台，中国慕课上线超过 7.68 万门课程，服务国内 12.77 亿人次学习，汇聚 2.7 万门高等教育优质慕课，开设 341 门次全球融合式课程，推出了 10 个全球融合式的证书项目，学习人次近 2540 万。由此可见，数字技术的倍增、叠加和溢出效应得到充分体现①。

二、出台数字教育政策文件

近年来，随着数字教育工作的不断深化，国家和地方政府围绕数字教育建设工作，相继出台了《关于推进教育新型基础设施建设构建高质量教育支撑体系的指导意见》《基础教育课程教学改革深化行动方案》《关于构建优质均衡的基本公共教育服务体系的意见》等多项政策文件（见表 3-2），并通过召开教育工作会议，强调教育数字化战略行动的重要价值，同时，通过基础教育精品课、教育信息化的教学应用实践共同体等的评选，进一步发挥数字教育的示范引领作用。

表 3-2　近年来数字教育政策文件汇总

日期	政策文件名称	涉及数字教育的相关表述
2021 年 3 月 25 日	《关于加强新时代教育管理信息化工作的 20 条通知》	加强教育管理信息化的统筹协调、优化信息系统的供给模式、提高教育数据的管理水平、促进管理服务的流程再造、提高基础设施的支撑能力
2021 年 7 月 1 日	《关于推进教育新型基础设施建设构建高质量教育支撑体系的指导意见》	以技术迭代、数据驱动、软硬兼备、平台聚力、协同融合、价值赋能为主要特征，加快推动教育新基建，推动教育的数字转型、智能升级与融合创新，保障教育高质量发展
2021 年 11 月 12 日	《关于印发"十四五"推进农业农村现代化规划的通知》	加强乡村教育的数字化建设，持续推进农民手机应用的培训，加快面向城乡的网络教育发展，不断缩小城乡数字鸿沟
2023 年 2 月 27 日	《数字中国建设整体布局规划》	大力实施教育数字化战略行动，加快建设教育领域的国家数据资源库，加强数字技术创新应用，完善国家智慧教育平台，提升数字中国建设的系统性

---

① 资料来源：https：//mp. weixin. qq. com/s/KTT40nj6dq5PasKaWe6iYQ.

续表

日期	政策文件名称	涉及数字教育的相关表述
2023 年 5 月 9 日	《基础教育课程教学改革深化行动方案》	推动教育教学与信息技术的深度融合，开展教师数字化素养专项培训，构建数字化背景下的新型教学模式，深入推进数字赋能教学质量提升
2023 年 6 月 13 日	《关于构建优质均衡的基本公共教育服务体系的意见》	大力推进教育数字化战略行动，推动数字化基础环境达到规定标准，构建共建共享、互联互通的数字教育资源平台，创新数字教育资源的呈现形式等
2023 年 7 月 7 日	《关于加快推进现代职业教育体系建设改革重点任务的通知》	教学实施充分利用数字技术手段，提升关键核心领域的技能人才培养质量，运用数字技术解决生产问题，完善数字化资源或平台，加快建设职业教育领域教学资源库共建共享体系
2023 年 7 月 26 日	《关于实施新时代基础教育扩优提质行动计划的意见》	建设覆盖德智体美劳等方面的数字资源，通过数字化提升教育治理水平，提升国家中小学智慧教育平台建设应用水平，完善国家基础教育管理服务平台，探索数字化社会的实践育人体系，实施数字化战略行动，以此赋能高质量发展
2023 年 12 月 8 日	《重构教育图景：教育专用大模型研究报告》	从技术基础、潜在挑战、应用现状、创新构思和落地场景等多个方面开展研究，提出开放创新的教育大模型架构，将以学习者为中心的理念变成普遍现实，以此助力教育事业

资料来源：根据相关资料整理获得。

　　2024 年 1 月 30 日，世界数字教育大会在上海开幕，这次会议的主题是"数字教育：应用、共享、创新"，重点围绕教育数字化和学习型社会建设、教师数字素养和胜任力提升、人工智能和数字伦理、全球数字教育发展趋势和指数评价、数字变革对于基础教育的挑战和机遇以及教育治理数字化和数字教育治理等多个议题进行了深入、广泛的交流。在这次会议上，通过推出《链接山海》教育数字化微纪录片，回顾了数字化推动教育公平、扩大开放合作、提高教育质量、引领未来教育、助力终身学习等方面的成就，旨在加快实现教育的数字化转型与智能化升级以及绿色化发展等，共同创造出人类更美好的未来。

第二节　数字经济赋能公共卫生服务的实践探索

　　公共卫生服务是维护生命健康所必需的要素，具有悠久的历史与丰富的实践。公共卫生服务数字化的发展源于数字医疗的理论完善和实践深化，由美国学者最先探索与推动发展，之后欧洲一些国家以及日本、韩国、新加坡等也相继发展该理论。目前，数字经济的革命性进展正快速改变公共卫生服务领域，互联网、物联网、人工智能、区块链、数字诊断与治疗、远程医疗和移动健康软件已被越来越多的消费者推广和应用，并为公共卫生服务的诸多参与方带来便利，有助于医疗资源的优化配置、疾病预防、治疗与健康管理能力的提升。

一、数字医疗的发展阶段

在信息技术与数字技术发展大潮中，传统医疗技术与其不断碰撞、融合、交叉，中国数字医疗发展经历远程医疗、移动医疗、网络医疗、大数据医疗、人工智能医疗和数字医疗等的融合和蝶变，其中远程医疗、互联网医疗和人工智能医疗是数字医疗的重要节点。

第一，远程医疗是数字医疗的初始阶段。

远程医疗服务是运用通信技术、计算机多媒体技术等远距离地提供医疗卫生服务的活动，本质是通过信息技术让医疗服务和医疗技术实现远距离对接与共享，让偏远地区和贫困地区在医疗技术与医疗水平不高的情况下，也能够获得高水平医师和高级别的医疗服务指导，为偏远地区和落后地区医疗资源不足问题的解决提供途径。远程医疗服务的最早应用出现在1935年，通过无线电台技术为远航的海员和乘客提供应急医疗咨询服务。由于中国各地区医疗发展水平参差不齐，优质医疗资源更多集中于大城市的大医院，偏远和落后地区的医疗资源不足问题突出，因此远程医疗服务受到社会各界的广泛关注，通过印发《关于推进医疗机构远程医疗服务的意见》等文件，引导、规范和促进远程医疗的发展。截至目前，远程医疗作为最初的医疗数字化形式，依然发挥着重要作用，但是随着人工智能医疗、互联网医疗等的兴起，人们对于远程医疗的整体关注度有所降低。

第二，互联网医疗是数字医疗的重大突破。

互联网医疗是互联网技术与医疗技术相结合的产物，是保障人们健康的又一个重要手段，其在一定程度上突破了远程远程医疗对医疗机构的限制，医疗人员可以通过互联网对不特定患者进行诊治并提供服务。互联网医疗对于公共卫生服务数字化而言是一次重大突破和飞越。近年来，中国互联网医疗发展非常迅速，截至2020年12月，获批资质、通过监管、挂牌运行的互联网医院达995家，在线医疗用户的规模达到2.15亿人次。

第三，人工智能医疗是数字医疗的重要环节。

进入21世纪以后，借助互联网快速发展产生了海量数据，科学家通过对人工智能进行算法训练和优化，促进人工智能技术得到快速发展。公共卫生服务是人工智能应用最深入的领域之一。如果说远程医疗与互联网医疗使公共卫生服务供给者具备"千里眼"和"顺风耳",那么人工智能医疗则让公共卫生服务供给者具备强大的网络虚拟大脑,人工智能为公共卫生服务数字化注入超强的助推和引导力量。虽然中国医学领域的人工智能起步晚,但发展十分迅速,中山大学眼科医院、浙江大学、中南大学湘雅二院、科亚医疗、数坤科技、科大讯飞、深圳硅基智能等单位在人工智能医疗领域的研究和应用方面成果丰硕,尤其是在新冠病毒感染疫情防控期间,人工智能医疗领域的辅助诊断发展迅速,完成从"跟跑"医学人工智能开发应用第一方阵到"并跑"的转变。

随着数字经济时代的来临,公共卫生服务数字化毫无疑问是数字中国建设的重点领域,受到了广泛重视。但当前,中国公共卫生服务数字化尚处于起步阶段,仍处于向数字医疗转变的过程中,公共卫生服务数字化建设依然任重而道远。

二、数字医疗的政策文件

数字医疗是一个较为宽泛的定义,是运用数字技术实现医疗卫生服务高质量发展的知识与实践领域,是随着大数据、信息通信技术与人工智能进化过程中在公共卫生服务领域的进步。据动脉橙数据不完全统计,2022 年 12 月 1 日到 2023 年 12 月 22 日,中国共有 66 条数字医疗的相关政策,这些政策主要是围绕数字医疗整体规划、数字医疗赋能场景、数字医疗管理机构与医疗机构平台标准化和信息化、数字医疗管理机构与医疗机构平台一体化建设、数字医疗新技术审批及应用、数字医疗体系高质量发展等多个方面展开,如表 3-3 所示。

表 3-3 数字医疗政策文件汇总

日期	政策文件名称	涉及数字医疗的相关表述
2021 年 6 月 21 日	《"十四五"优质高效医疗卫生服务体系建设实施方案》	加快数字健康基础设施与健康医疗大数据体系的建设,提高卫生健康的供给质量与服务水平,加强信息管理等的平台建设,推进跨机构、跨地区信息系统互联互通和互认共享
2021 年 10 月 26 日	《关于互联网诊疗监管细则(征求意见稿)公开征求意见的公告》	应建立省级层面互联网医疗服务的监管平台,及时更新和上传相关执业信息,并将医务人员信息共享至省级监管平台;同时,医疗机构电子处方和处方审核记录等应向省级监管平台开放其数据接口
2021 年 12 月 12 日	《"十四五"数字经济发展规划》	聚焦公共卫生领域,深化数字技术应用,加快推动医疗健康领域资源数字化供给与网络化服务,推动优质资源共享复用,持续提升公共卫生服务数字化水平及数字化普惠水平

日期	政策文件名称	涉及数字医疗的相关表述
2021年12月28日	《"十四五"公共服务规划》	积极发展智慧医疗，提升医疗机构的信息化与智能化水平，大力开发并应用健康医疗大数据资源，推动医疗卫生服务提质增效，强化医疗卫生领域数据信息的交换共享，推动服务数据互联互通
	《"十四五"医疗装备产业发展规划》	立足新发展阶段，聚焦健康保障和临床需求，推进产品创新、技术创新和服务模式创新，强化医工协同，提升产业基础高级化与产业链现代化水平，推进医疗装备产业的高质量发展
2022年3月3日	《"十四五"中医药发展规划》	依托现有中医药资源，建设国家级中医药研究平台，布局全国重点实验室、国家工程研究中心、国家临床医学研究中心和国家技术创新中心，建立中医药古籍与传统知识数字图书馆，建设中医药数字博物馆，加快中药制造业的数字化、网络化和智能化建设
2022年4月27日	《"十四五"国民健康规划》	推广应用大数据、人工智能、5G、物联网、区块链等新兴信息技术，进一步实现智能医疗服务、疾病预警、慢性病筛查、个人健康实时监测和评估等，完善健康信息核心数据库，实现跨地区与跨部门数据共享
2022年11月9日	《"十四五"全民健康信息化规划》	推进数字健康新型基础设施的建设，加强数字医共体建设并提高医共体的数字化管理服务能力，构建健康医疗大数据要素体系，推动健康医疗大数据的应用和发展，推进公共卫生服务领域的资源数字化供给与网络化服务
2023年3月23日	《关于进一步完善医疗卫生服务体系的意见》	充分发挥信息技术的支撑作用，加快互联网、物联网、云计算、大数据、人工智能等在医疗卫生服务领域的应用，加强数字化管理，推进健康医疗数据安全体系建设，并强化数据的安全监测和预警

资料来源：根据相关资料整理获得。

第三节　数字经济赋能养老公共服务的实践探索

伴随全球人口老龄化问题的加剧，养老问题正成为全球性的挑战，这在一定程度上导致老年人口对于养老公共服务的需求快速增加，势必将加速养老公共服务的改革；同时，也对老年服务业发展提出更加长期和更为系统的要求，对应对人口老龄化和发展老年产业提出迫切要求。因此，转变养老公共服务发展方式，推动养老公共服务高质量发展，成为解决养老公共服务需求增长与养老公共服务供给滞后矛盾的重要战略，也是积极有效应对人口老龄化这一问题的关键举措。

根据第七次人口普查数据，中国 60 岁以上老人达到 2.64 亿人，过去十年增加了 8600 万人，65 岁以上老人达 1.91 亿人，占比 13.5%。截至 2022 年底，中国 60 岁以上老人规模达到 2.8 亿人，占到总人口比重的 19.8%，可见中国逐渐步入中度老龄化社会，老龄化形势日益严峻。党的二十大报告明确提出要加快推进健康中国建设，加快实施应对人口老龄化的国家战略，优化孤寡老人服务，发展养老事业与养老产业，使老年人享有基本的养老公共服务。

近年来，数字化进程已经渗透到生活领域和生产领域的方方面面，并且发挥着十分重要的作用。数字经济的快速发展成为推动养老公共服务质量转型、动态转型和效率转型的强大引擎，为老年人创造出智能化、全域化、便捷化的高质量公共服务，互联网、物联网、大数据、云计算等数字技术开始不断服务各类养老服务场景，智慧养老平台建设与体系构建较为成熟，智能养老院、养老机器人等不断满足老年人的新需求，逐渐改变传统的养老机构管理方式与服务模式，赋能传统养老服务，重构传统养老模式，这在一定程度上提升了应对人口老龄化问题的能力，也给广大老年居民创造了更高质量的公共服务，极大地提升了老年人的生活品质。

一、数字养老的核心应用领域

数字养老是将先进信息技术和养老服务相结合，旨在为老年人提供更为便捷、智能、个性化的养老服务与生活方式，同时实现智能化照护、精细化服务和信息化管理，为老年人创造良好的生活体验。数字养老具有个性化关怀、照护质量与工作效率高、人工操作负担轻等优势。

健康管理与监测、社交互动与心理支持、智能化家居和便利服务以及健康智能穿戴设备是数字养老的核心应用领域。其中，从健康管理与监测来看，数字养老平台能够实时监测老年人的系列健康指标，如血糖和血压等，并且能够提供较为个性化的健康管理服务方案，通过传感技术和智能设备，能够远程监控老年人的身体健康状况，提供相对及时的干预和服务。从社交互动与心理支持来看，数字养老可以通过在线社交平台和视频通话等功能，加强老年人之间的社交与互动，以此缓解其孤独感，并提高其生活的幸福感；同时，能够为老年人提供娱乐活动、心理教育和心理支持，提升精神状态。从智能化家居和便利服务来看，数字养老能够与智能家居系统连接，以此实现自动化管理和远程控制，老年人可通过手机和智能设备，控制灯光、温度等家具设备，提高生活的舒适度和便利性。从健康智能穿戴设备来看，智能手环与智能手表等能够为老年人提供定位功能、监测健康指标、紧急呼叫等，以此提高老年人的健康管理水平与安全性。

二、数字养老的发展阶段

总体来看，中国数字养老经历了萌芽期、探索期、快速发展期和深度推广期四个阶段，具体来看：

（一）萌芽期：2012—2013 年

2012 年 10 月，为应对人口老龄化的挑战，国家老龄办首先提出"智能化养老"这一概念，并概括出智能化养老包括六大智能系统，即：建筑设施智能系统、物业管理智能系统、健康管理智能系统、生活服务智能系统、照护服务智能系统、文化娱乐智能系统。这为智能化养老树立了示范样板，同时也标志着中国智能养老迈出第一步。2013 年 9 月，《国务院关于加快发展养老服务业的若干意见》提出，要大力发展居家养老服务网络，运用互联网和物联网等技术创新聚焦养老服务模式，建设并完善聚焦服务网络平台。同年 10 月，"全国智能化养老专家委员会"成立，为智慧养老产业发展提供智力支持，推动中国养老服务整体水平的提升。

（二）探索期：2014—2015 年

2014 年 7 月，民政部部署在北京第一社会福利院、北京大兴新秋老年公寓、河北优抚医院、四川资阳社会福利院、江苏无锡失能老人托养中心、安徽庐阳乐年长者之家、河南社区老年服务中心中州颐养家园七家养老机构开展智能养老物联网应用示范工程的试点工作，试点工作以满足养老服务需求和维护老年人的合法权益为根本出发点，运用互联网技术，开展老人定位求助、老人卧床监测、老人跌倒自动监测、老人行为智能分析、痴呆老人防走失、视频智能联动、运动计量评估等服务。2015 年 7 月，《关于积极推进"互联网+"行动的指导意见》明确指出，加快发展基于互联网的养老服务，创新政府服务模式，搭建养老信息服务网络平台，鼓励养老服务机构运用便携式体验和紧急呼叫监控等设备，推进智慧健康养老产业。

（三）快速发展期：2016—2018 年

2016 年 4 月，在智慧健康养老产业发展论坛上，《智慧健康养老产业发展白皮书》发布，该白皮书从产业发展、产品创新和产业推进等多个角度，全面梳理了智慧健康养老产品、服务、市场和应用的发展现状，深刻剖析了智慧健康养老产业发展存在的主要问题，并提出适合中国国情的健康养老产业发展思路、模式和方向，为推动中国智慧健康养老产业快速可持续发展提供了决策依据。

2017 年 2 月，《智慧健康养老产业发展行动计划（2017—2020 年）》明确提出，通过推动关键技术产品研发、推广智能健康养老服务、加强公共服务平台建设、建立智慧养老标准体系、建立部级协同工作机制等系列举措，提升中国健康养老服务质量和效率水平。2018 年 8 月，《智慧健康养老产品及服务推广目录（2018 年版）》对产品类项目和服务类项目进行了详细介绍，其中产品类项目包括自助式健康检测设备、便携式健康监测设备、家庭服务机器人、健康管理类可穿戴设备、智能养老监护设备五类项目，服务类涵盖居家健康养老、互联网健康咨询、个性化健康管理、慢性病管理、养老机构信息化、生活照护六类项目。

（四）深度推广期：2019 年至今

2019 年 1 月，第二届中国智慧健康养老产业发展大会在人民大会堂召开，会议总结了智慧健康养老产业发展的经验，并探讨了未来发展的思路，提出要充分整合各个部门之间的优势资源与业务需求，实现信息产业和养老服务、健康服务之间创新融合发展。同年 11 月，《关于推进养老服务发展的意见》指出，要大力实施"互联网+养老"这一行动，促进养老服务的高质量发展。2020 年 12 月，《中国老科协、中国科协科普部智慧助老行动三年计划》提出，要聚焦老年人融入智慧社会、运用智能技术的需求和困难，通过提高老年人的数字技能，不断提升老年人群适应智慧社会发展的能力，让老年人在信息化过程中有着更多的获得感、安全感与幸福感，满足老年人对于美好生活的需要。2021 年 10 月，《智慧健康养老产业发展行动计划（2021—2025 年）》提出，要推动产业数字化发展，优化产业生态，强化科技支撑，推动实现产业融合、技术融合、标准融合与数据融合，打造智慧健康养老产品、业态与模式，以此满足人民群众的健康与养老需求。2024 年 1 月，《关于发展银发经济增进老年人福祉的意见》指出，要加强科技创新应用，打造健康养老的新业态，进一步完善智慧健康养老的产品与服务推广目录，推动新一代信息技术和智能设备等养老场景的集成应用，加大战略性新兴产业、产业高质量发展等对"银发经济"的支持力度。这一阶段，标志着中国智慧养老产业发展正式进入深度推广期。

三、数字养老的典型案例

养老公共服务关系到千家万户，在人口老龄化背景下，如何让规模庞大的老年群体在互联网信息化时代过上更加舒心的养老生活，成为社会各界关注的热点问题。现如今，在数字技术的支持下，当今的养老公共服务更加精准、更具人性化。以上海市为例，其数字养老公共服务有很多的先进做法。其中，2020 年 3 月

20 日,《上海市养老服务条例》提出,要推动人工智能、云计算、大数据、物联网等新一代信息技术在养老公共服务领域的广泛应用;2020 年 5 月 15 日,《关于促进本市养老产业加快发展的若干意见》提出,要进一步聚焦养老领域,强化养老产品和养老服务供给,进一步强化要素支撑,不断释放产业动能,进一步增强支付能力,大力培育消费市场,进一步优化制度环境,强化产业发展基础;2022 年 1 月 29 日,《上海市促进养老托育服务高质量发展实施方案》指出,要推动建立更加完善的养老托育服务,推动更加有效的养老托育服务供给,明显提升养老托育服务质量,不断提高群众满意度。近年来,上海市政府持续加大对养老服务市场的精准对接,鼓励开发建设各类智慧养老服务平台,进一步推动线上与线下资源的整合、信息的共享和服务的提升。

在户籍老年人口数量占比超过 35% 的上海市,数字养老和智慧养老正迈出从"重技术"转向"推场景"的关键一步。2020 年 4 月 27 日,上海市发布涵盖照护服务类、情感关爱类、健康服务类、安全防护类四个类别在内的第一批 12 个智慧养老的应用场景,这些应用场景的发布主要是为了让更多的企业明晰老年人需要什么,以此能够为老年人提供更加快捷、高效、实时、低成本且具备互联化、物联化和智能化的养老公共服务。该应用场景发布之后,即受到众多科技企业的广泛关注,上海市多个民政部门与街镇纷纷开展场景的落地应用,多个社区推出门磁系统、智能水表、AI 外呼、烟感报警和红外检测等智慧养老服务与产品,让高技术守护居家养老人群。2021 年 6 月 29 日,上海市充分结合本地养老公共服务实际,发布第二批 8 个智慧养老应用场景,其中:在机构养老方面,加快建设"养老院+互联网医院"以及智慧养老院;在社区居家养老方面,加快发展为老服务"一键通"、智慧老年助餐和家庭照护床位;在行政监管方面,加快打造养老服务的云监管平台。

在养老服务产业加速发展的进程中,上海市各级政府、养老机构和企业积极探索智慧养老的新模式和新业态。上海市民政局开发上海养老服务平台、"老实惠"、上海养老顾问等平台以及公众号服务,涵盖了上海市 1.3 万处的养老服务设施场所,能够帮助老年人及其家属更加方便地寻找和申请养老公共服务。上海市各区基本建立呼叫中心以及综合为老服务平台,旨在提供更加精准的养老公共服务。上海市各街镇相继推广各类智能传感监测设备和"一键通"等在老年人家中使用的设备,以此为老年人居家安全提供保障。各类智能护理、健康检测、智慧助餐、一键叫车等智能化设备在养老公共服务机构中得到广泛应用,进一步丰富了养老公共服务的内容,提升了养老公共服务的质量。

第四节　数字经济赋能公共文化服务的实践探索

扎实推进共同富裕不仅需要物质富足，更需要精神富有。公共文化服务作为公共服务的有机组成，既为人民群众物质生活提供正确思想引导，也为人民群众精神需求提供有力文化支撑。伴随新时代中国社会主要矛盾的转变以及人民群众精神文化需求的增长，扩大优质公共文化服务资源供给、加快现代公共文化服务体系建设、推动公共文化服务高质量发展，成为切实推进精神生活共同富裕的有力支撑，以及全面实现国家文化治理体系与治理能力现代化、建设社会主义文化强国的题中之义。

2005 年 10 月，党的十六届五中全会审议通过《中共中央关于制定国民经济和社会发展第十一个五年规划的建议》，其中提出要积极发展文化事业和文化产业，加大政府对文化事业的投入，逐步形成覆盖全社会的比较完备的公共文化服务体系。这是公共文化服务体系概念首次见诸中央文件，同时意味着中国公共文化服务体系正式进入决策视野。2006 年 9 月，《国家"十一五"时期文化发展规划纲要》将公共文化服务专列一章，指出完善公共文化服务体系、保障群众基本文化权益是文化发展的重点，具体通过完善公共文化服务网络、加强农村文化建设、普及文化知识、建立健全文化援助机制、鼓励社会力量捐助和兴办公益性文化事业等路径来实现。自此之后，国家和地方围绕公共文化服务水平提升、公共文化服务体系完善、基层公共文化服务提升等出台了一系列政策、制度和文件，进而逐步形成覆盖城乡的六级公共文化服务网络。2015 年 1 月，中共中央办公厅、国务院办公厅印发《关于加快构建现代公共文化服务体系的意见》，对现代公共文化服务体系的构建、公共文化服务标准化与均等化进程的推进以及人民群众基本文化权益的保障作出了全面部署；在同时印发的《国家基本公共文化服务指导标准（2015—2020 年）》中，对基本公共文化服务项目、硬件设施、人员配备等进行了明确规定。此外，《中华人民共和国公共文化服务保障法》《中华人民共和国公共图书馆法》《博物馆条例》等为现代公共文化服务体系建设提供了法治保障。

进入"十四五"以来，公共文化服务高质量发展开启新的篇章。2021 年 3 月，国家发展改革委联合多部门共同印发《关于推动公共文化服务高质量发展的意见》，指出推动公共文化服务高质量发展是保障基本文化权益、满足美好生活新期待的必然要求，是发展社会主义先进文化的一项重要任务，未来应坚持正确导向、统筹建设、深化改革、共建共享，推动品质发展、均衡发展、开放发展与融合发展，同时加强组织领导，加强法制和财政保障，建设精干高效的基层文化人才队伍。同年6月，文化和旅游部印发《"十四五"公共文化服务体系建设规划》，提出"十三五"以来，中国公共文化服务体系建设取得重要成就，在推动文化治理体系与治理能力现代化、保障基本文化权益、满足美好生活需要、促进城乡协调发展等方面发挥了重要作用，面对新的历史起点和新的发展形势，未来要坚持正确导向，坚持以人民为中心，坚持改革创新，坚持系统推进，深刻认识公共文化服务新特征、新要求和新规律，不断完善公共文化服务资源配置格局，全面提升公共文化服务供给能力和供给质量，推动实现公共文化服务布局更加均衡、公共文化服务水平显著提升、公共文化服务供给方式更为多元、公共文化服务数字化智能化与网络化发展取得新突破，为建设社会主义文化强国奠定坚实基础。

2022年5月，中共中央办公厅、国务院印发《关于推进实施国家文化数字化战略的意见》，明确提出要全面提升公共文化服务数字化水平，优化文化数据服务平台，扩大服务覆盖面，提高公共文化服务的到达率和及时性，通过数字化方式促进城乡公共文化服务的一体化发展，增强人民群众的获得感。同年8月，中共中央办公厅、国务院印发《"十四五"文化发展规划》，强调要推进城乡公共文化服务体系的一体化建设，加快公共文化数字化建设，提升公共文化服务标准化的均等化水平，推动公共文化服务的社会化发展与专业化运营，增加公共文化服务供给总量，优化公共文化服务供给结构，补齐公共文化服务短板。2022年10月，党的二十大报告进一步指出，要健全现代公共文化服务体系，繁荣发展公共文化事业和文化产业，铸就社会主义文化新辉煌，在发展中保障和改善民生，这标志着中国公共文化服务体系建设进入新阶段。

近年来，随着人工智能、大数据、云计算、区块链、互联网等数字技术的蓬勃发展，各地通过丰富公共文化服务数字化内容、打造公共文化服务数字化产品、加快公共文化服务数字化基础设施建设、促进公共文化机构数字化转型、提升文化数字化政务服务效能等，不断满足人民群众多层次、多样化、多方面的精神文化需求，加快公共文化服务高质量发展。2023年10月，文化和旅游部为加强文化与旅游数字化建设，进一步落实文化数字化战略分工实施方案中的重点任务，征集评选出了14项文化与旅游数字化创新示范案例（见表3-4）。

表 3-4　2023 年文化和旅游数字化创新示范案例（公共文化服务领域）

序号	名称	类型	申报单位	简介
1	国家图书馆数字赋能古籍活化	提升公共文化服务数字化水平（加强公共数字文化资源建设）	国家图书馆	国家图书馆发布"永乐大典高清影像数据库"，向读者展示《永乐大典》40 册 75 卷内容以及编撰体例、历史变迁等相关知识；探索数字内容展示新模式，打造"5G全景 VR《永乐大典》"和"中华传统文化百部经典 VR作品"；举办"《古籍寻游记》VR 展览"，推出殷墟甲骨、居延汉简、敦煌遗书、明清档案四个专题，为读者提供线上观展服务
2	"浙里文化圈"助力公共文化服务智达惠享	提升公共文化服务数字化水平（优化基层公共数字文化服务网络）	浙江省文化和旅游厅	"浙里文化圈"小程序整合浙江省图书馆、文化馆、美术馆、非遗馆、艺术院团等公共文化机构的活动信息和数字资源，丰富公共文化服务供给资源库；建设看书、观展、演出、学艺、文脉、雅集、知礼七个板块，根据公众行为习惯和文化热点智能推荐公共文化服务，实现浙江省公共文化资源的智能调度和精准供给
3	"世界文学之都"数字空间	提升公共文化服务数字化水平（加强公共数字文化资源建设）	南京市文化投资控股集团有限责任公司	南京于 2019 年 10 月被联合国教科文组织授予"世界文学之都"称号，成为中国首个也是当前唯一一个"世界文学之都"。根据市委市政府在《南京"文学之都"建设规划纲要（2020—2023）》中提出的"运用数字科技和互联理念，构建文学空间信息数据库，联动'1+N+X'实体城市文学空间"等要求。南京文投集团旗下南京创意中心以南京 1800 年"文脉"为线索，建设了一个包含超过 4000 万文本数据的文学大数据库、联动线下 1000 多个文学坐标的文旅入口系统、云端再现"紫金山—玄武湖"城市文化核心区域、包含 30 多个文学场景的虚拟文学空间，打造了全国首创、对标国际理念、应用数字技术的城市"移动博物馆"与线上"文化百科全书"
4	福州群文一码通	提升公共文化服务数字化水平（加强公共数字文化资源建设）	福州市文化馆	该项目覆盖移动端、电脑端和线下智能终端三个方面，充分运用大数据、云计算、虚拟现实、增强现实等信息技术成果，建立高效、便捷、多元的文化数字化服务平台和服务设施，集一码查询、一码索票、一码预约、一码参赛、一码体验"五个一"功能于一体，实现扫一个二维码即能参与演出、培训、赛事、非遗体验等各项群众文化活动的"一站式"集成服务。2022 年，各线上平台浏览总数超 860 万人次，线下设备体验人数超 10 万人次，构建了线上线下融合互动、立体覆盖的数字文化服务体系，以数字赋能文化，激活新动能，打造新业态，推动文化馆事业数字化转型升级

序号	名称	类型	申报单位	简介
5	河南非遗一张图	提升公共文化服务数字化水平（加强公共数字文化资源建设）	河南省非物质文化遗产保护和智慧化中心	"河南非遗一张图"通过与百度人工智能、知识图谱、大数据等先进数字技术相结合，综合运用百度地图、百度百科、百度小程序等组合产品，打通PC端、小程序、微信H5等多方平台，将河南省非遗信息整合关联上线，搭建起河南非遗资源的"数字资库"和交流传承的集中展示空间，更加直观和系统化地展示了河南非遗项目、传承人的基本信息、流传历史、技艺传承、拜师授徒、传承谱系、门店信息、照片、视频、资讯等。同时，运用人工智能和大数据对河南非遗数据检索、抽取与处理，将河南非遗领域中异构的知识结构化，构建起了强大、智能的知识关联，实现了非遗代际传承、地理分布、对标项目等关联内容的直观可视化呈现，不仅形成了可持续利用的数字化非遗资源，还创新发展了非遗数字化全方位关联展示模式，成为全国领先的首创非遗可视化知识图谱，实现了非遗资源的数字赋能和创新发展
6	"世界的记忆——中国传统音乐录音档案"数字平台和"传统音乐档案"应用程序	提升公共文化服务数字化水平（加强公共数字文化资源建设）	中国艺术研究院	该数字平台和应用程序由中国艺术研究院艺术与文献馆建设运营，先后于2022年4月和11月上线试运行，通过"资源""专题""专栏"进行全方位的展示和发布，实现了资源互通。在内容建设上，全面系统整合传统音乐档案资源信息，所发布的学术资源经过中国艺术研究院音乐研究所专家的审核，具有突出的学术档案性质，首批上线音频数据约11000条；在研发设计上，充分考虑平台、设备的差异性，针对不同的播放设备设计不同的视觉呈现效果，积极探索提高用户赏听体验的方法；在技术呈现上，为了满足不同的资源检索需求，平台设计多种检索方式，提供多个检索筛选条件，且相关条件交替使用，努力实现资源的精确定位
7	馆藏资源三维数据后期处理技术创新与应用	提升公共文化服务数字化水平（加强公共数字文化资源建设）	国家博物馆	"馆藏资源三维数据后期处理技术创新与应用"案例由国家博物馆数据管理与分析中心组织申报，该案例以提升文物三维数据后期处理效率和数据质量为核心，以合作研发的智能化的三维文物数字化软件为主要成果，旨在通过最新的计算机图形学以及人工智能技术，攻克文物三维数据在后期处理方面的难题，大幅提高博物馆文物数据资源建设水平。该案例所介绍的智能化的三维文物数字化软件，由国家博物馆与浙江大学经过近三年不断的开发与测试，共同成功研发。该软件的应用不仅使三维数据后期处理效率大幅提高，且其数据精度更高、成本更低，而且成功解决了文物二维影像与三维模型映射难、三维数据质量评估难等行业问题。该案例的获评充分体现了国家博物馆在文物三维数据资源建设方面的先进性与创新性

续表

序号	名称	类型	申报单位	简介
8	"四史"融媒体学习系统	提升公共文化服务数字化水平（加强公共数字文化资源建设）	中国数字文化集团有限公司	该系统通过数字化的手段将红色文化创新性地融入旅游中，系统集成逾800课时党建国史图文课、350多家红色景区4K实景资源和专业讲解导览，系列精神谱系学习课程以及5000余道习题、小组竞赛测评，并可生成学习总结报告。将"学习宝典"接入屏幕终端，可将内容权威、体系完善、史料丰富、脉络清晰、方式多元的党史教育内容融入机关企业，组织集体学习、主题展览，相当于即刻拥有一座数字"四史"博物馆，让支部集体学习更系统、精准、高效。目前，该产品已服务于国家税务总局、航天集团、新疆兵团第八师、安徽大学等不同单位，南京、山东、上海、河北等多省份已经装备，总计319台。上海进博会—国家会展中心（上海）"四史"数字学习中心暨"党建书苑"设立了"四史"自助学习吧，"学习宝典"成为现场"四史"学习的亮点
9	智能机器人在图书馆中的应用	提升公共文化服务数字化水平（推进智慧图书馆体系建设）	中新天津生态城图书档案馆	图书档案馆深入探索人工智能在公共图书馆领域的创新应用，以智能机器人为载体，构建了全方位智慧服务与管理体系，陆续推出迎宾、服务、互动、售卖、分拣、运输、盘点、搬运六大类40余台智能机器人，形成了馆员与机器人合作、机器人与机器人协作、读者与机器人交互的三大类智能应用场景，让管理与服务更加高效，以智慧化转型为读者和居民提供优质、便捷、普惠服务
10	基于视觉识别技术的自助借还书系统	提升公共文化服务数字化水平（推进智慧图书馆体系建设）	湖南图书馆	该自助借还书系统由湖南图书馆联合有关单位于2023年7月成功研发并投入试运行，在全国图书馆行业属于首创。该系统利用纯视觉识别、物联网、大数据和AI等技术，对图书上已有的文字、符号、色块、形状、线条或平面标签等图像信息进行识别。一方面打通了图书馆自助管理系统，实现图书馆图书的实时"智能盘点"和自助借还等功能；另一方面解决了以往图书馆自助借阅服务模式中存在的成本高、易拆毁、稳定性和安全性差等问题。该自助借还书系统已投入湖南图书馆少儿图书馆使用，为读者提供了一个智慧化、个性化的服务平台，有效降低了成本，提升了图书馆服务效能。读者使用该系统的"图书检索"功能，可实时对少儿图书室的书籍实现精确查询；使用"借书""还书""续借"等功能，可完成多本图书的自助借还，破解了找书难、图书馆工作人员手工单本操作借还效率低的难题，大大提高了借阅效率和用户体验感

续表

序号	名称	类型	申报单位	简介
11	基于全流程自动化智能立体书库的网借服务模式	提升公共文化服务数字化水平（推进智慧图书馆体系建设）	佛山市图书馆	佛山市图书馆以问题和需求为导向，推出基于全流程自动化智能立体书库的智慧网借服务，线上平台借书、线下机器人找书、快递送书到家，打造线上线下一体化、在线在场相结合的数字化文化新体验。项目于2022年12月投入使用，引入京东物流，以"知书达'里'"为服务品牌面向广东省提供图书网借服务。该项目也是2021年度国家文化和旅游科技创新工程项目"基于智能协同的多点区域性网借平台研究"成果之一，整体技术应用在行业内具有创新引领意义。2023年8月，该项目创新成果之一"图书出入库系统及图书存储方法"获得国家发明专利
12	"开放式"无感智慧借阅系统	提升公共文化服务数字化水平（推进智慧图书馆体系建设）	重庆图书馆	重庆图书馆"'开放式'无感智慧借阅系统"聚焦公共文化服务数字化共性问题，通过在图书馆传统借阅服务中叠加新技术，打造智慧应用场景，助力智慧图书馆体系建设。该系统由重庆图书馆、深圳远望谷信息技术股份有限公司合作研发，依托重庆图书馆对读者需求的精准定位、远望谷公司多年来深耕RFID应用的技术积累，创新应用全向高精度RFID天线阵列，配合特别研发的全向感应高精度定位算法，智能辨识读者和图书信息，实现了借阅过程中读者及图书信息的高效采集、快速识别、准确关联，在行业内首先实现了真正意义上的无感借阅服务，让读者将注意力放在需借阅的书籍上，在借阅过程中不需要知道借阅设备在哪儿、不需要知道借阅操作步骤、不需要驻足停留，借阅全过程实现"零感知""零操作""零停留"的"真无感"借阅，极大地便利了读者、提高了图书馆服务效率、创新了图书馆智慧服务手段

续表

序号	名称	类型	申报单位	简介
13	江苏公共文化云运营推广	提升公共文化服务数字化水平（推进公共文化云建设）	江苏省文化馆	江苏公共文化云平台是 2016 年文化和旅游部全国公共文化发展中心确定的第二批全国数字文化馆建设试点项目，由江苏省文化和旅游厅公共服务处、科技教育处组织领导，江苏省文化馆牵头实施，全省文化馆（站）入驻运营。2018 年初，江苏公共文化云平台正式上线，对公众开放并提供服务。截至 2023 年 9 月底，江苏省 13 个设区市、95 个县（市、区）文化馆及 1300 余个乡镇（街道）综合文化站、2200 多个村综合文化中心通过江苏公共文化云平台发布活动 12.3 万余场，发布资源 4.9 万余个，开展直播 3200 余场，累计服务人次超 8.6 亿。江苏在全国率先提出全省统一平台的建设思路，由江苏省文旅厅组织领导，江苏省文化馆提供平台技术支持、信息安全保障及运营支撑，全省各级文化馆（站）参与运营，各级公共文化服务机构只需申请管理员账号即可提供服务，集中力量开展平台运营推广工作，实现了全省公共数字文化服务资源共建数据共享。平台还与国家公共文化云平台实现了数据互联互通、资源共享。目前，江苏公共文化云已经成为江苏省文化馆（站）公共文化数字化服务主阵地，平台服务效能得到国家中心的充分认可，"江苏模式""江苏经验"被多省份借鉴
14	武警部队万里边疆数字文化进军营建设项目	提升公共文化服务数字化水平（优化基层公共数字文化服务网络）	中国人民武装警察部队政治工作部	在该项目建设过程中，各级聚焦"资战育人"，立足破解艰苦偏远地区部队文化阵地陈旧、文化资源匮乏、文化生活单调等难题，积极引进地方优质数字文化资源，以红色基因传承、书香军营建设、数字文化共享、文艺创演服务"四大工程"为主体，组建各类基层特色文艺队伍、兴趣小组 552 个，开展在线朗读、云上学史、线上观影等文化活动 15.6 万场次，升级或新建荣誉墙、强军影院、图书室等数字文化场馆 9000 余座，引进国家公共文化云、喜马拉雅等数字文化资源 20 余类，推动了基层文化阵地活动的数字化、现代化，有效地改变了边疆地区部队文化建设面貌，在培塑"官兵灵魂"、服务练兵备战等方面发挥了重要作用

资料来源：《数字化创新推动文化和旅游高质量发展》，https://zwgk.mct.gov.cn/zfxxgkml/zcfg/zcjd/202310/t20231011_949074.html。

一、博物馆数字化

博物馆一般是为社会服务的公益性、非营利性的常设机构，是天然的学习空间和人类文明的"储藏室"，主要研究、保护、收藏、展示和阐释物质遗产和非物质遗产，具有包容性与可及性等特性，为深思、教育、欣赏和共享知识提供多种体验。国家级博物馆包括国家一级、二级和三级博物馆。2008 年 5 月 18 日，国家文物局公布了第一批 83 家国家一级博物馆；2012 年 11 月 15 日，国家文物局公布了第二批 17 家国家一级博物馆；2017 年 1 月 20 日，中国博物馆协会公布第三批 34 家国家一级博物馆。截至目前，全国共有 204 家国家一级博物馆。

　　一般的博物馆展览都是以展品摆设和参观为主，而数字技术在博物馆展览中的应用可以使博物馆突破时间和空间的限制，通过多种技术赋予文物生动性和互动性，让观众有着更加直观、更加丰富的视觉体验，以此增强观众的文化体验感，同时也使历史文化得以更大范围的传播。总的来看，博物馆数字化是对博物馆馆藏资源的深度揭示与开发，是对馆藏资源背后文化资源的多元化揭示。2023 年国际博物馆日的主题是"博物馆、可持续性与美好生活"（Museums, Sustainability and Wellbeing），这对博物馆未来发展提出了更高要求。博物馆数字化是为适应当代信息化社会发展的需要而对博物馆的功能和组织进行的再定位，即在博物馆建筑物理空间内，运用信息技术和数字技术，更高效地为文博工作的收藏、研究、保管、陈列、市场、教育等工作服务，为博物馆提质升级和可持续发展带来新的可能和探索方向。党的十八大以来，习近平总书记高度重视文物与文化遗产工作，多次强调"让文物活起来"、"让文物说话"、充分激活文物的时代价值与当代生命力、充分发挥文物的作用，以此增强文化自信、守护中华文脉、扩大中华文化的影响力，这为新时期文物工作的开展提供了基本遵循。2023 年 11 月 1 日，文化和旅游部印发《国内旅游提升计划（2023—2025 年）》，进一步指出，要优化线上与线下的旅游公共信息服务布局，推动旅游公共信息服务的资源整合，推动博物馆、图书馆等文博场馆的数字化发展，推动线上与线下服务的融合，提升公共服务效能。

　　近年来，国内各地博物馆积极响应习近平总书记的号召，积极探索"让文物活起来"实践工作，在文物信息可视化传播、原生情境具象化重构以及观展体验沉浸式营造等多个方面取得可喜成绩，其中以北京故宫博物院、四川三星堆博物馆、甘肃敦煌博物院、国家博物馆、江苏苏州博物馆等的数字化实践较为典型。

　　（一）北京故宫博物院

　　北京故宫博物院始建于 1925 年 10 月 10 日，是一座综合性博物馆，位于故宫内，其收藏品主要包括但不限于明清两代皇宫收藏。1998 年，北京故宫博物院紧抓互联网和数字技术的发展机遇，成立资源信息中心（现更名为数字与信息部）。1999 年，故宫博物院开始文物数字化，将实体文物逐渐转化为数字资源。

2000年，建设数据中心，用以保存和管理文物影像、视频、信息等海量数据。2001年，故宫博物院官方网站正式上线，文物藏品首次借助互联网的数字形态与公众见面。2005年，上线办公信息化工作平台，融合文物管理系统、古建信息系统、影像资源管理系统等20多个内部管理系统。2013年，陆续开发《韩熙载夜宴图》等10款"故宫出品"App，下载总量超700万次。2014年，首次通过官网公布全部25大类文物藏品的简目信息。2015年，先后推出"故宫是座博物馆""发现·养心殿"主题数字展览，融入虚拟现实和人工智能等新技术手段，拓展数字展示服务的空间和边界。2019年，建设"学术故宫""平安故宫""活力故宫""数字故宫"的"四个故宫"体系，建立数量庞大、检索方便、质量优良的文物信息资源库，首次发布包含5万件文物藏品高清图片的"数字文物库"项目。2020年，率先推出手机端的"云游故宫"，推出"数字故宫"小程序1.0版，为社会公众打造"一站式"的服务平台。2021年，"故宫名画记""全景故宫""V故宫""数字多宝阁"等网站陆续开发上线，并推出"数字故宫"小程序2.0版。未来，北京故宫博物院将逐渐深化数字化发展路径，推动文化和科技融合，打造高质量、可持续、虚实融合的"故宫博物院数字孪生平台"。

（二）四川三星堆博物馆

在中国浩瀚如海的文物群体中，四川三星堆文物是集科学文化、历史学术和艺术价值于一体的瑰宝。通过数字技术的加持，蕴藏着千年古蜀文明的三星堆博物馆，正进行"文化+科技"的深度融合。自2016年以来，三星堆博物馆先后实施了三期文物数字保护项目，已完成绝大多数文物的高精度采集，并建立了三星堆文物数字资源管理系统，用以对文物资源进行统一化管理。三星堆的文物从发掘、清理到修复，均能够实现全过程的数字化留痕，每块文物都有自己的专属"二维码身份证"，这为文物利用及文创开发奠定了原始数据基础。近两年，三星堆博物馆融合数字技术与文物保护利用，精心策划近百场三星堆特展并多次走出国门开启全球巡展，所到之处均掀起观展热潮。2023年7月27日，三星堆博物馆的新馆正式开放，新馆不仅是硬件环境和设施的升级，而且在管理、服务、展陈等多个方面都深度融入了数字技术，建成复合型的文创空间。2023年11月15日，《你好！三星堆》展览在北京拉开帷幕，通过内容、艺术、科技等多样化的赋能，借助互动装置、全息投影等数字化多媒体手段，打造了沉浸式空间，将文物与符号以立体的方式呈现，为"文物活起来"注入数字光影的运营新模式。

（三）甘肃敦煌博物院

"数字敦煌"由甘肃敦煌博物馆打造，其通过 AR、VR 和 MR 等技术实现敦煌瑰宝的数字化，以此提升文物观赏的体验感。为了应对敦煌莫高窟不可逆转的"衰退"，20 世纪 80 年代末，甘肃敦煌研究院就提出"数字敦煌"的构想，指出要运用数字图像技术与计算机技术，实现敦煌石窟文物的永续利用与永久保存。近年来，为贯彻落实习近平总书记视察敦煌时的重要指示精神，甘肃敦煌研究院坚持以科技保护文物，大力推进"数字敦煌"，即在永续利用与永久保护敦煌石窟文物基础上，全面实现文化艺术资源在全球范围的数字化共享。目前，"数字敦煌"已取得丰硕成果，不仅建成了完整、系统、科学的敦煌石窟档案，而且将其运用到美术临摹、文物保护、考古测绘、文化弘扬、展览展示等多个领域。2020 年"云游敦煌"小程序上线，超过 4000 万用户可线上浏览敦煌。此外，依托文物数字化成果，举办了"飞天神韵·莫高精神""敦煌石窟艺术展"等 38 场次展览，其中 2 场展览入选了国家文物局的主题展览推介项目。此外，还实施"窟内文物窟外看"的智慧化虚拟体验项目，陆续推出"字在敦煌""敦煌岁时节令""一事一生·一人一库"等的数字媒体品牌。"数字敦煌"项目的实施不仅为敦煌文化的理论研究留下了永久资料，也为敦煌文物资源的活化利用提供数据支撑。

（四）国家博物馆

早在 2014 年底，国家博物馆就运用高新数字化技术，通过立体、连续和互动等模式，完成了《乾隆南巡图》的立体再现，动态还原了恢宏的历史情境，重现了康乾盛世的辉煌与壮观，使人们更加深入、全面地领略到这套作品的风采。近年来，国家博物馆响应数字化发展趋势，全力推进智慧化建设，并形成了以数据为核心的管理新模式。自 2018 年开始，国家博物馆着力推动智慧国博建设，按照透彻感知、智慧融合、泛在互联、迭代提升和自主学习的五条技术路径推进。2022 年，国家博物馆联合 33 家国内外博物馆共同举办"全球博物馆珍藏展示在线接力"活动，通过 8K 拍摄并高清呈现、数字虚拟技术展示等形式，向观众阐释文字在中华文明发展与世界文明交流互鉴的作用。2023 年 11 月，中华文明云展试点——文物活化利用新成果正式上线，与以往展陈不同的是，首个"数智人"——艾雯雯担纲国家博物馆古代中国云展，其与馆藏文物产生了神奇感应，获得让"文物活起来"的独特能力，引领观众进行沉浸式观展，惊艳全场。未来，国家博物馆虚拟"数智人"将有望与国家智慧教育等平台合作，为青少年教育提供十分丰富的云端文化资源，进一步展示中华文明优秀成果。

（五）江苏苏州博物馆

苏州博物馆成立于 1960 年 10 月 6 日，作为国内保存最完整的太平天国历史建筑物，是一家展示、收藏、传播苏州历史、艺术、文化的综合性博物馆。近年来，苏州博物馆功能布局更趋合理，数字化建设全面发力，积极运用新技术、新手段和新平台，社会效益充分显现，着力建设"博物馆之城"，助推苏州故事与江南文化走向全国、走向世界。苏州博物馆的"苏色生活馆"以色彩物像为内容，以时间节气为主题，演绎二十四节气下的苏州生活美学，并通过 LED 屏营造沉浸式数智化色彩通感空间。该生活馆形成了"空间互联"的结构体系，秉承可持续原则，将时间放进空间，开辟了博物馆数字化新模式，通过演绎苏州特征的传统民俗、艺术、文化、生活间的"化学反应"，引发了人们对于历史、非遗、艺术以及人文生活的思考。2023 年 11 月，"云游苏博"数字项目正式上线，高精度还原了苏州博物馆的建筑和文物，观众可通过手机，足不出户"穿越"到苏州博物馆，感受贝聿铭先生的"中而新"和"苏而新"的设计理念，以全新视角触摸和观察苏博建筑；还能与博物馆进行对话、互动与研究，沉浸式地领略科技与技术的美妙邂逅，感受穿越古今的情感共振。

二、图书馆数字化

伴随数字化时代的到来以及个性化需求的增加，传统的图书馆阅读服务已无法满足读者需求，在一定程度上对图书馆持续健康发展产生阻碍。为更好地顺应数字化时代的发展进程，图书馆在平台建设、服务体验、智慧阅读、人才队伍建设等方面进行更新，智慧图书馆体系建设取得显著进展，为图书馆阅读服务注入全新活力。从实践上来看，目前包括公共图书馆等在内的不少图书馆已在积极运用互联网技术，推动文化资源数字化，并通过在线平台与应用程序等方式提供给广大用户，以满足广大用户对于随时随地获取文化资源以及参与文化活动的多样化需求。

（一）杭州"云"公共图书馆

数字借阅是全媒体时代的新型借阅方式，从应运而生到蓬勃发展，极大地丰富了读者的阅读体验和精神文化生活。但是，由于各个图书馆文献服务体验感差异大、线上线下服务场景分散、现有线上借书平台使用体验不佳等问题的增加，与读者对高体验感和高便利性的阅读追求产生很大的冲突。基于此，杭州图书馆启动了"一键借阅，满城书香"的图书服务大提升行动，通过数字扩容和功能优化突破了单体馆服务局限，联合杭州市各区县级图书馆打造了"一键借阅"

杭州地区公共图书馆线上服务一体化平台。运用数字赋能，"云"集市区14家公共图书馆"线上借书""数字阅读""书店借书"三大服务场景，为杭州市民提供了"服务全覆盖、借还零距离、共享无差别"的公共图书馆服务，这成为浙江省首创的实践做法。

通过整合线上与线下资源，在杭州全市范围内提供三大借阅服务，实现平台线上与线下通借通还，形成自助可借、实体馆可借、线上可借、书店可借等多渠道"智慧借阅服务"，使读者们能够享受到"全域、全体、全时段覆盖"跨场景联动图书馆服务。另外，杭州图书馆主动收集读者意见，增加专项经费投入，优化用户使用体验，扩大平台资源，定期推出免邮券、"一键借阅读书日"、新书推荐等优质服务，使杭州图书馆成为杭州市民的"家庭书房"，打通图书阅读的"最后一公里"，使"沉睡"的图书资源充分"活"起来。原来，读者们到图书馆线下借书，需要很多步骤，尤其是在疫情防控期间要进行防疫措施。据统计，从借书到还书会有六七步。通过搭建与再造数字借阅平台，将原先的"线下找馆、预约前往、进馆、查找图书、办理手续、带书回家"等环节缩减为"登录平台、选择图书、下单借阅"仅三个环节。通过EMS快递配送到家或上门取书代还，物流时间也由3~7天缩短为1~3天，极大地提高了运转效率。此外，1~3册图书仅需要快递费3元，仅为同城一般快递费的50%；3册以上图书每册1元，一次可以借20本，借期最长为55天。可见，"一键下单"和送书到家大大地降低了读者的借阅成本。

"一键借阅"线上服务能够覆盖杭州市全城，即便是在离图书馆相对较远的地方，线上下单快递也能送到，实现了全体、全域和全时段覆盖。通过这一举措，图书馆的服务覆盖到了乡村，实现了城乡一体化，缩小了城乡之间的阅读服务差距。2021年，杭州图书馆"一键借阅"线上服务借还图书17.9万册、新增用户7.3万人。2022年，杭州图书馆加大了"一键借阅"服务专项经费投入，可借近百万册纸质图书，其中仅1~9月，"一键借阅"线上服务就借还图书21.3万册，新增借书用户8.5万人，超过了2021年全年数据。

(二) 江西"无感借还"图书馆

随着信息时代的发展与科学技术的进步，读者对于图书馆的服务需求越来越高。利用数字技术来提高智慧化的服务能力，以满足读者日益增加的精神文化需求成为智慧图书馆建设的重要组成之一。

在探索智慧图书馆建设过程中，江西图书馆充分运用现代信息技术，推出一批智能化和数字化的公共文化数字化服务。其数字化服务主要包括"无感借还"

智慧流通服务、智能书架服务、大数据平台、基于 5G 技术的图书馆空间网络服务和图书馆服务数据智慧墙等。其中，"无感借还"智慧流通服务这一数字化服务最受读者欢迎。"无感借还"智慧流通服务运用 RFID 无线射频识别技术、人脸生物识别技术和红外光幕技术，为读者们提供入馆能还书、出馆能借书的无感化借阅体验。这一服务系统有效解决了读者在流通高峰时段等待时间长的问题，同时也有效提高了图书流通服务效能。相较于传统借书流程，"无感借阅"智慧服务不需要读者带借书证或者通过触摸屏式人机交互，仅需要读者通过无感通道，大幅缩减了流通时间，读者可以在无感的状态下瞬间完成借书或还书的手续，图书的流通效率提升了 90%。自从"无感借还"智慧服务投用以来，江西图书馆在数据获取、信息检索、高效咨询、智慧阅读等多个方面提质增效，努力打造成为城市"悦读新空间"。除此之外，"无感借还"智慧服务也为读者提供了便利，使读者缩短了 8165.3 小时的流通时间。2021 年，图书借还数量同比增长了 47.5%，取得良好的服务效果。

同时，通过建设智能书架，江西图书馆实现了在架图书的精准定位、实时盘点和智能检索功能，使读者可以快速地获取想要查询的图书资源，并解决因图书错架而出现的找书难问题。根据最新数据，江西图书馆智能书架已累计服务读者 33.9 万人次，图书定位频次 1442.8 万次，借阅 3.8 万人次，浏览时长 15.7 万小时。江西图书馆运用大数据、物联网、虚拟现实、语音交互、AI 光影等技术，打造智慧阅读空间，为读者们提供集阅读、休闲、娱乐于一体的智慧化的阅读体验。通过建设大数据智慧墙，读者们可以更加方便地访问图书馆的服务数据。此外，江西图书馆还引入人工智能机器人，通过前期设置好有关图书馆咨询导读的问答，基于机器人自主学习的能力，较好地完成读者们咨询引导服务这一工作，有效提高了读者们获取咨询引导服务的便利性。运用大数据"智慧墙"，读者们可查看最新发布的新书推荐、热搜关键词、活动预告、自建特色资源库和图书馆外购等信息，为读者快速地了解图书馆数字资源、活动、服务提供了极大的便利性。

（三）甘肃"智慧甘图综合管理平台"

数字技术为人与人、馆与馆、人与书之间的有机连接提供便利。但是，伴随数字技术的高频使用，各级和各类图书馆使用的信息系统和设备日趋繁杂，智能化应用场景和规模不断扩大，呈现数据标准不一、系统部署分散、管理难度提高、难以进行深度分析等问题。因此，构建数据共享、业务协同的综合管理平台，消除信息壁垒，成为智慧图书馆开展数字化创新实践的重要内容。

甘肃图书馆建设"智慧甘图综合管理平台"，旨在更好地探索这一重要内容，实现数据的可视化与一体化管理，为读者们提供智慧服务，也为管理者提供决策支持，打造"一键式"的智慧管理平台，促进管理和服务水平全面提升。这一平台运用数字孪生和大数据等技术，通过建设基于微服务架构的大数据中台，实现对图书馆内人、设备、过程、资源、环境等要素的全面感知，深度融合、广泛互联，为读者们提供优质、便捷、多样的服务。具体来看：

一是服务数据实时呈现。读者服务平台可以实时展示新书推荐、环境数据、借阅排行、运营数据等信息。这些信息为读者提供预约图书、浏览信息、阅读导引等服务。同时，智慧大屏还能实时显示图书馆举办的所有读者活动，如展览、讲座、沙龙。

二是根据读者画像提供精准服务。首先分析读者的个人信息（包括到馆频次、借阅内容、指标排名、行为偏好等），实现针对个人与群体的新书推介与知识定向投送。这使图书服务更加智能化、精准化和个性化。

三是图书资源便利检索。初步整合数字资源与纸质资源，读者们可使用统一检索入口来访问图书馆书目以及全部有访问授权的信息资源。

四是资源便利获取。除了解图书馆检索咨询且获得相关服务外，读者还可以通过云借阅平台远程访问图书馆资源。这一举措能够让读者足不出户就可以享受到网上借书以及快递到家的服务。

对于智慧图书馆的建设，甘肃图书馆经历了一个较长的认识过程，从场馆建设到信息人才培养，从资源为王到服务优先，如何更好地整合各类各级资源是其一直思考的问题。以甘肃省新图书馆的建设为契机，与技术支持方——安泰股份通过多次研讨，针对图书馆生态进行了抽象化和梳理，提出建设甘肃"智慧甘图综合管理平台"。这一平台是甘肃图书馆加强数字化管理的重要抓手，在开发与应用这个平台过程中，其系统总结对于大型图书馆数字化建设的全要素、全业务和全流程"三全"管控理念。"三全"管控理念从为图书馆管理者提供科学决策角度出发，将重点放在对于现有运营数据的获取、分析上，进而引入读者视角，进一步谋求资源获取的便利性以及服务质量的有效提升，是一种模式创新。

自"智慧甘图综合管理平台"上线以来，有效地简化了工作流程，降低了管理的难度与风险以及运维成本，初步实现了多种信息系统的高效衔接，在智慧服务、数据开放、循证决策、科学管理等方面发挥积极作用，使甘肃图书馆应用场景更加丰富，服务更加便捷。

（四）贵州数字图书馆

贵州数字图书馆是贵州省"十三五"公共文化服务计划的收官之作，2020

年底建成并投入运行以来，实现了从传统图书馆向智慧图书馆的重要转变，为读者们提供数字化时代的阅读新体验。贵州数字图书馆共有七层，除常规借阅区外，还设有数字体验区、听书馆、音乐空间等多个区域，实现全新的智慧化升级。读者们只需要在自助服务区"点一点"，就能够轻松完成图书查询、借还、续借等。

在后台，智能立体书库正高效运作。读者们可通过现场智能自助借阅设备传送借阅需求，待系统收到指令之后，30 台智能分拣机器人以及 7 台激光导航搬运机器人就根据读者们的借阅订单，快速地将图书送至读者指定的自助取书点。另外，智能分拣系统配备了 20 多个分拣口，其根据分类规则快速地分类归还的图书，以便后续再上架。

同时，贵州数字图书馆还推出一种全新的图书馆服务方式，即"网上借阅线下投递"。具体来看，使用"贵州省图书馆"微信公众号或者支付宝小程序，读者们可在线下单并且使用物流快递到家，让借书像点外卖送到家一样轻松。据了解，贵州数字图书馆是全国唯一一家免费开放的公益性数字图书馆。另外，贵州数字图书馆还开发了电视图书馆、移动图书馆、盲人数字图书馆等多个平台，建立了订阅号、微信公众号、新浪微博、抖音短视频官方服务号、视频号等，逐步构建全媒体服务模式，使读者们能够更加方便、快捷地使用其数字资源。

贵州数字图书馆的智慧化服务为读者们提供了全新的互动与体验，由传统纸质书到电子书，由传统人工服务到智能书法台、VR 虚拟阅读站、机器人导览等前沿技术手段。截至目前，贵州数字图书馆访问量已达到约 2.20 亿人次，年均访问量超 1800 万人次，日均访问量约 5 万人次，在全国公共图书馆中保持着领先地位。

三、文化馆数字化

在"图文博"公共文化服务体系中，文化馆的数字化建设是相对滞后的。党的十八大以来，中国文化馆数字化建设经历了从无到有的过程，在文化强国与数字经济建设蓝图下，大力推进文化馆数字化成为现代公共文化服务体系建设的关键要务之一。根据肖鹏等[①]的梳理可知，中国文化馆数字化建设从 2012 年开始先后经历了探索酝酿（2012—2015 年）、试点建设（2015—2020 年）和高质量

---

① 肖鹏，刘心冉，王先智. 文化馆数字化建设的十年回顾与未来展望［J］. 中国文化馆，2023（1）：27-35.

发展（2021年至今）三个阶段，并取得了长足进步，包括文化馆数字化工作逐渐成为常态业务、文化馆资源和平台建设日益完善、文化馆数字化服务创新工作卓有成效、文化馆数字化研究工作开始起步。具体来看：

（一）文化馆数字化的探索酝酿阶段

2012年11月党的十八大报告明确提出，要加强公共文化工程与公共文化项目建设，逐步完善公共文化服务体系，提高公共文化服务效能。① 之后，文化馆数字化作为提高公共文化服务效能的重要内容开始受到关注。这一阶段的特点主要包括以下三点：

第一，政策与规划方面。文化馆数字化、数字文化馆等的提法开始出现在部分政策和规划中，并逐渐发展成为公共文化服务数字化的重要内容。2013年1月，《文化部"十二五"时期公共文化服务体系建设实施纲要》明确指出，文化馆数字化建设应当纳入文化共享工程的建设体系，加快促进群众文化活动资源的网络化与数字化，开展数字文化服务。2023年9月，《信息化发展规划》进一步指出，要积极推进数字文化馆等公益性的文化信息基础设施建设，发展先进网络文化。

第二，实践探索方面。成都、重庆、北京、上海等地率先开始了文化馆数字化建设工作，这为文化馆数字化的逐步推广奠定了基础。其中，成都早在2012年便宣布基本建成了数字文化馆平台；重庆北碚区打出"中国首个示范数字文化馆"这一口号，并于2014年底建成了文化馆基础数字平台等，具备了一定的数字化服务能力，同时通过数字化的技术设备与手段，打造设计线下体验空间，实现线上线下服务相结合。

第三，理论研究与提升方面。文化馆数字化与数字文化馆等的研究开始出现，实现了从无到有的突破。其中，研究人员的单位主要是文化馆和群艺馆的工作者，多数成果更多地偏向于整体性议论与思考，对于文化馆数字化的建设多是基于实践经验的初步反思和构想，且整体研究数量相对较少。

（二）文化馆数字化的试点建设阶段

文化馆数字化的试点建设阶段大致与"十三五"时期重叠，始于2015年4月，止于2020年12月，是文化馆数字化初步建设的"筑基"时期。

第一，政策与规划方面。文化馆数字化建设开始与公共文化体系建设、文化

---

① 胡锦涛在中国共产党第十八次全国代表大会上的报告［EB/OL］.中国政府网，（2012-11-08）［2023-01-07］.http：//www.gov.cn/ldhd/2012-11/17/content_2268826.htm.

遗产保护、公共文化机构创新发展等重点领域工作紧密相连、相互渗透，成为现代公共文化体系建设的主要工作之一。2015 年 10 月，《关于推进基层综合性文化服务中心建设的指导意见》明确指出，以基层综合文化服务中心为依托，推进文化信息资源的共建共享，提供数字文化馆等公共数字文化服务。2017 年 5 月，《"十三五"时期繁荣群众文艺发展规划》进一步指出，要加强数字文化馆建设，建设群众文艺创作与培训的数字化平台。

第二，实践探索方面。全国数字文化馆建设试点与公共文化云等项目取得较大进展，这使文化馆数字化建设工作有了抓手。2015 年 4 月，马鞍山市文化馆、北山羌族自治县文化馆、丽水市莲都区文化馆、苏州市公共文化中心等 10 家文化馆被全国公共文化发展中心遴选为第一批数字文化馆试点单位。2016 年，广东省文化馆、大连市群众艺术馆、宁波市文化馆等 15 家文化馆成为第二批试点单位。截至 2020 年，共有 110 余家文化馆被纳入中央财政支持下的数字文化馆建设项目。与此同时，公共文化云平台建设也在快速推进。2014 年 12 月，"文化嘉定云"正式上线，这也是第一个以文化云命名的公共数字文化服务云平台。2016 年 3 月，"文化上海云"正式上线，这是中国第一个省级层面的公共数字文化服务云平台。2017 年 11 月，"国家公共文化云"正式开通上线（见图 3-2），成为整合统筹公共数字文化服务的总平台与主阵地。之后，数字文化馆建设试点注重与公共文化云平台对接，两者相辅相成，推动文化馆数字化的集成化发展。

图 3-2 国家公共文化云平台

资料来源：https://www.culturedc.cn/web3.0/index.html.

第三，理论研究与提升方面。文化馆数字化研究成果数量明显增加，利于行业组织的发力；同时出版了《数字文化馆：网络平台与实体空间》，这是中国首部文化馆数字化专著。另外，文化馆数字化的标准化工作也开始进行，出台了若干地方标准，设立了多个标准化项目，尤以"数字文化馆资源与技术基本要求"这一国家标准最具代表性，这是中国首个文化馆数字化的国家标准项目，其明确规定了文化馆数字化资源、数据管理、平台等的要求。

（三）文化馆数字化的高质量发展阶段

第一，政策与规划方面。文化馆数字化建设从"试点"逐渐走向"全面铺开"的态势，且将文化馆数字化与图书馆数字化建设并称。2019 年 4 月，《公共数字文化工程融合创新发展实施方案》明确指出，要以国家公共文化云统筹数字文化馆建设，建成覆盖文化馆的大数据分析平台，开展文化馆元数据仓储建设。

第二，实践探索方面。各地积极探索文化馆数字化建设，从一定程度上来看，文化馆数字化已然成为各级文化馆建设的基本要求之一。另外，文化馆数字化与文化馆其他业务的互动与联系也进一步加深。

第三，理论研究与提升方面。文化馆数字化建设的经验和案例持续增加，使文化馆数字化研究有了更加丰富的对象与素材，进而文化馆数字化的学术研究与标准研制逐渐走向细分阶段。

本章小结

本章主要从教育公共服务、公共卫生服务、养老公共服务、公共文化服务四个维度出发，系统梳理了它们数字化发展的实践探索。其中，数字经济赋能教育公共服务涉及网络学习空间的建设和数字教育政策文件的出台，以此促进教育公平，提高教育质量，推进教育数字化工作取得显著成效。数字经济赋能公共卫生服务旨在通过数字医疗促进医疗资源的优化配置、疾病预防、治疗与健康管理能力的提升。数字经济赋能养老公共服务旨在通过数字养老逐渐改变传统的养老机构管理方式与服务模式，赋能传统养老服务，重构传统养老模式，最终提升应对人口老龄化问题的能力。数字经济赋能公共文化服务旨在通过丰富公共文化服务数字化内容，打造公共文化服务数字化产品，不断满足人民群众多层次、多样化、多方面的精神文化需求。

第四章　中国数字经济与公共服务效率测度分析

第一节　指标选取与模型构建

一、指标选取与数据来源

评价指标体系的构建是数字经济与公共服务效率综合测度和特征分析的基础与前提。基于科学性、系统性与可操作性等原则，参照已有相关研究成果，分别构建数字经济与公共服务效率评价指标体系。其中：

数字经济评价指标体系包括数字基础设施、数字产业发展和数字经济环境三个维度。数字基础设施是数字经济发展的基础与支撑，包括传统基础设施与新型基础设施两个子系统；数字产业发展是数字经济发展的动力与引擎，包括数字产业化与产业数字化两个子系统；数字经济环境是数字经济发展的外在保障，包括数字创新环境与数字金融环境两个子系统（见表4-1）。

表4-1　数字经济评价指标体系

目标层	准则层		指标层	单位	资料来源	属性
数字经济评价指标体系	数字基础设施	传统基础设施	移动电话普及率	部/百人	《中国统计年鉴》	正向
			光缆线路密度	千米/平方千米	《中国统计年鉴》	正向
			互联网普及率	万户/万人	《中国统计年鉴》	正向
			互联网宽带接入端口密度	万个/平方千米	《中国统计年鉴》	正向

续表

目标层	准则层		指标层	单位	资料来源	属性
数字经济评价指标体系	数字基础设施	新型基础设施	移动电话基站密度	万个/平方千米	《中国统计年鉴》	正向
			IPv4 地址数	万个	《中国统计年鉴》	正向
			IPv6 地址数	万个	企研·数字经济产业专题库	正向
			电子信息产业固定资产投资	亿元	国家统计局	正向
	数字产业发展	数字产业化	人均电信业务量	元	《中国统计年鉴》	正向
			人均软件业务收入	万元	《中国统计年鉴》	正向
			信息传输、软件和信息技术服务业城镇单位就业人员数/城镇单位就业人员比重	%	国家统计局	正向
			电子信息产业制造业企业数量	家	国家统计局	正向
		产业数字化	每百家企业拥有网站数	个	《中国统计年鉴》	正向
			有电子商务交易活动企业比重	%	《中国统计年鉴》	正向
			电子商务销售额	亿元	《中国统计年鉴》	正向
			电子商务采购额	亿元	《中国统计年鉴》	正向
	数字经济环境	数字创新环境	规模以上工业企业 R&D 人员全时当量	人年	《中国统计年鉴》	正向
			规模以上工业企业 R&D 经费	万元	《中国统计年鉴》	正向
			有效发明专利数	件	《中国统计年鉴》	正向
		数字金融环境	数字普惠金融指数	/	《北京大学数字普惠金融指数报告》	正向

数字经济准则层数据的描述性统计如表 4-2 所示。从表 4-2 中可以看出，数字金融环境准则层在所有准则层中得分最高，平均值为 0.7863，可见其对数字经济发展的重要支撑作用；数字创新环境得分最低，平均值为 0.1578，创新环境的持续改善与优化应当是数字经济持续健康发展关注的重点。此外，数字创新环境准则层的空间分异特征在所有准则层中最为明显，标准差为 0.2170；数字金融环境准则层的空间均衡特征在所有准则层中最为明显，标准差为 0.0807。

表 4-2　数字经济准则层数据的描述性统计

准则层		平均值	标准差	最小值	最大值
数字经济	传统基础设施	0.4210	0.1836	0.8750	0.1470
	新型基础设施	0.2408	0.1622	0.7183	0.0299
	数字产业化	0.2043	0.2045	0.8730	0.0103
	产业数字化	0.3915	0.1648	0.8663	0.2008
	数字创新环境	0.1578	0.2170	0.9656	0.0004
	数字金融环境	0.7863	0.0807	0.9986	0.6766

　　公共服务效率投入产出评价指标体系的构建涉及基本教育服务效率、医疗卫生服务效率、社会保障服务效率、环境保障服务效率和文化体育服务效率五个维度（见表4-3），相关数据主要来源于《中国统计年鉴》、《中国科技统计年鉴》、《中国社会统计年鉴》以及各省份国民经济与社会发展统计公报，部分缺失数据采用相邻年份数据进行差补。

表 4-3　公共服务效率投入产出评价指标体系

目标层	准则层	投入指标/单位	产出指标/单位
公共服务效率评价指标体系	基本教育服务效率	人均教育支出/万元 普通中小学学校数/所 每十万人普通中小学专任教师数/人	普通中小学入学率/% 普通中小学毕业率/%
	医疗卫生服务效率	人均医疗卫生支出/万元 医疗卫生机构数/个 医疗卫生机构床位数/张 每千人口卫生技术人员数/人	医疗卫生机构诊疗人次数/亿人次 医疗卫生机构门急诊诊疗人次数/亿人次 医疗卫生机构门诊健康检查人数/万人 医疗卫生机构出院人数/万人
	社会保障服务效率	人均社会保障支出/万元	万人基本养老保险参保人数/人 万人城镇职工医疗保险参保人数/人
	环境保护服务效率	人均环境保护支出/万元 城市排水管线长度/千米 城市污水日处理能力/万立方米 生活垃圾清运量/万吨	工业废水排放量/万吨 工业废气排放量/万吨 生活垃圾无害化处理率/%
	文化体育服务效率	人均文化体育支出/万元	公共图书馆数量/座 博物馆数量/座 体育场馆数量/座

二、熵值法

熵值法作为一种客观赋权法，指标权重值的可信度比专家评估法和层次分析法更高，能够避免多指标变量的重叠，深刻反映出指标熵值的效用价值。其权重越大，说明指标对系统影响越大，具体计算步骤为：

第一步，原始数据的标准化：

$$x'_{ij} = \frac{x_{ij}}{x_{max}}（正向指标）；\quad x'_{ij} = \frac{x_{min}}{x_{ij}}（逆向指标）\tag{4-1}$$

式（4-1）中，x_{max}、x_{min} 分别代表第 j 个指标的最大值与最小值。

第二步，第 i 个省份第 j 个评价指标值的比重：

$$y_{ij} = \frac{x'_{ij}}{\sum x'_{ij}}\tag{4-2}$$

第三步，第 j 个指标的信息熵：

$$e_j = -\frac{1}{\ln m}\sum_{i=1}^{m} y_{ij}\ln y_{ij}\tag{4-3}$$

第四步，第 j 个指标的信息熵冗余度：

$$g_j = 1 - e_j\tag{4-4}$$

第五步，第 j 个指标的权重：

$$w_j = \frac{g_j}{\sum_{j=1}^{n} g_j}\tag{4-5}$$

第六步，第 i 个省份的城镇化质量得分：

$$URQ = \sum w_j x'_{ij}\tag{4-6}$$

三、数据包络分析模型

数据包络分析模型（DEA）作为一种非参数效率评估方法，用于评价相同部门间多投入、多产出决策单元的相对有效性，可以避免因模型设定偏差而产生的错误，主要代表性模型有 CCR 模型和 BCC 模型。其中，CCR 模型需要设定规模报酬不变且只能计算综合效率，而 BCC 模型能够测算规模报酬可变条件下的技术有效性，因此，本书采用基于投入导向的 BCC 模型测算公共服务效率，模型结构为：

$$\begin{cases} \min\theta \\ \text{s. t.} \displaystyle\sum_{j=1}^{n+1} x_j\lambda_j \leqslant \theta x_0 \\ \displaystyle\sum_{j=1}^{n+1} y_j\lambda_j \geqslant y_0 \\ \displaystyle\sum \lambda_j = 1,\ \lambda_j \geqslant 0,\ j = 1,\ 2,\ \cdots,\ n \end{cases} \tag{4-7}$$

式（4-7）中，θ 为公共服务综合效率，分解为纯技术效率与规模效率的乘积：若综合效率等于 1，说明投入与产出达到最优；若纯技术效率等于 1，规模效率小于 1，说明没有实现规模经济；若规模效率等于 1，纯技术效率小于 1，说明没有实现最佳技术水平。λ_j 为投入和产出指标的权向量。

为充分反映评价目的和内容，考虑决策单元的"同类型"特征，在保证决策单元个数不少于投入产出指标总数两倍的同时，避免指标内部的强线性关系，本书借助因子分析法，通过较少变量使基本公共服务效率值更能说明实际问题，选取特征值大于 1 的 7 个变量（2 个投入变量 X_i 和 5 个产出变量 Y_i）作为新的公共因子，运用方差最大法进行旋转，并对新变量因子得分进行极差变化标准化，以消除负值，计算公式为：

$$\begin{cases} X'_i = 0.\,1 + \dfrac{X_i - X_{i\text{-min}}}{X_{i\text{-max}} - X_{i\text{-min}}} \times 0.9 \\[2mm] Y'_i = 0.\,1 + \dfrac{Y_i - Y_{i\text{-min}}}{Y_{i\text{-max}} - Y_{i\text{-min}}} \times 0.9 \end{cases} \tag{4-8}$$

式（4-8）中，X'_i、Y'_i 为标准化数值，$X_{i\text{-max}}$、$Y_{i\text{-max}}$ 为第 i 项新因子的最大值，$X_{i\text{-min}}$、$Y_{i\text{-min}}$ 为第 i 项新因子的最小值。

第二节　中国数字经济发展水平测度与分析

基于数字经济评价指标体系，运用熵值法分别测度与分析 2013—2022 年中国 31 个省份数字基础设施、数字产业发展、数字经济环境以及数字经济发展水平的综合得分。

一、数字基础设施测度与分析

（一）传统基础设施测度与分析

2013—2022 年，中国传统基础设施大致呈现逐年递增的态势，传统基础设施平均值由 2013 年的 0.3853 增至 2022 年的 0.4676，年均增速为 1.95%。可见，传统基础设施依然是数字基础设施建设以及数字经济发展的重要物质条件和社会先行资本。近年来，为顺应网络化、智能化与数字化发展趋势，依托"集中力量办大事"的独特制度优势，各地区尤为重视传统基础设施的规模化部署、智能化改造和体系化发展，以此助力数字中国建设（见图 4-1）。

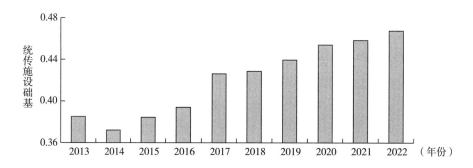

图 4-1　2013—2022 年中国 31 个省份传统基础设施时序变化特征

资料来源：根据《中国统计年鉴》相关数据综合测算得出。

从空间上来看，2013—2022 年，中国 31 个省份传统基础设施空间分异特征相对明显，标准差为 0.1836。其中，广东省传统基础设施得分最高，平均值为 0.8750，这与其强化数字化赋能与互联网思维、大力推进网络强省建设等有着密切关系。截至 2023 年 3 月底，广东省 5G 基站、5G 用户数量、物联网终端用户数量等多项指标均位居全国第一位，占据全国 1/10 的网络能力，承载全国 1/9 的电信用户，创造全国 1/8 的电信业务收入，成为全国通信大省和网络大省。① 江苏省传统基础设施得分次之，平均值为 0.8514。浙江省、山东省和四川省传统基础设施得分紧随其后，平均值分别为 0.7642、0.6920、0.6556。西藏自治区传统基础设施得分最低，平均值为 0.1470（见图 4-2）。

---

① 5G 基站数全国第一！广东如何乘势抢数字先机、夯实新基建底座？［EB/OL］. https：//mp. weix-in. qq. com/s/jCbxaPoUgvaFDeNeBTQ-xw.

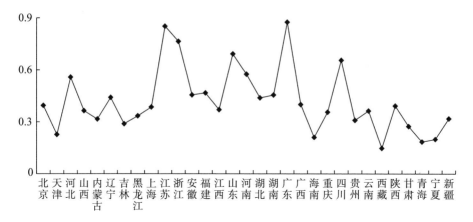

图4-2　2013—2022年中国31个省份传统基础设施空间分异特征

资料来源：根据《中国统计年鉴》相关数据综合测算得出。

（二）新型基础设施测度与分析

相较于传统基础设施，2013—2022年中国新型基础设施发展水平较低，平均值仅为0.2408，低于传统基础设施的平均值（0.4210），这从侧面也反映出中国新型基础设施建设还处于起步阶段，有着广阔的发展空间。从时序变化特征来看，除2013年外，中国新型基础设施建设总体呈现稳步推进的态势，以数字基础设施为典型代表的新型基础设施成为中国发展数字经济与支撑数字化转型的重要抓手（见图4-3）。

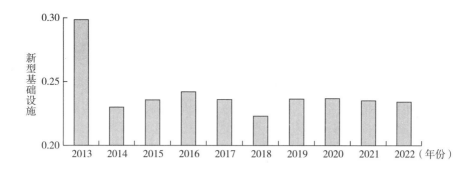

图4-3　2013—2022年中国31个省份新型基础设施时序变化特征

资料来源：根据《中国统计年鉴》、企研·数字经济产业专题库、国家统计局相关数据综合测算得出。

从空间上看，2013—2022年中国31个省份新型基础设施空间分异特征较为明显，标准差为0.1622。总的来看，东部沿海地区新型基础设施发展水平较高，其中以广东省新型基础设施发展水平最高，平均值为0.7183。早在2016年，广东就将数字政府改革建设列为了"一号工程"，后期又建成政务云平台、政务大数据中心和公共职称平台等基础资源平台，并推出粤省事、粤政易、粤商通三个应用；2020年10月，《广东省推进新型基础设施建设三年实施方案（2020—2022年）》进一步明确，要加快建设高水平的新型基础设施体系。北京市和浙江省新型基础设施得分次之，平均值分别为0.6056、0.5044。西部内陆地区新型基础设施发展水平较低，以西藏自治区新型基础设施发展水平最低，平均值为0.0299，仅为广东省新型基础设施平均值的0.04倍（见图4-4）。

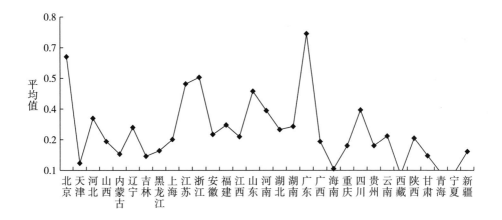

图4-4 2013—2022年中国31个省份新型基础设施空间分异特征

资料来源：根据《中国统计年鉴》、企研·数字经济产业专题库、国家统计局相关数据综合测算得出。

（三）数字基础设施测度与分析

2013—2022年，中国数字基础设施大致呈现逐年递增的发展态势，与传统基础设施发展态势基本一致，数字基础设施平均值由2013年的0.3563增至2022年的0.3898，但增速仅为0.90%。这其中，2013—2014年，中国数字基础设施发展水平出现下降；2015年以来，伴随数字经济战略、网络强国战略以及数字中国建设的不断深化，新型基础设施发展水平开始稳步上升；2018年12月"新基建"概念提出以后，明确提出要加强工业互联网、物联网、人工智能等新型基础设施建设，相应地，新型基础设施发展水平得到进一步提升（见图4-5）。

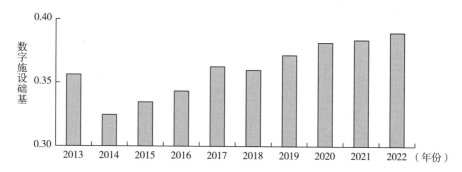

图 4-5　2013—2022 年中国 31 个省份数字基础设施时序变化特征

资料来源：根据《中国统计年鉴》、企研·数字经济产业专题库、国家统计局相关数据综合测算得出。

从空间上看，2013—2022 年中国 31 个省份数字基础设施空间分异特征较为明显，标准差为 0.1717。广东省数字基础设施发展水平最高，平均值为 0.8228，江苏省数字基础设施发展水平次之，平均值为 0.7250；浙江省、山东省和四川省数字基础设施发展水平紧随其后，平均值分别为 0.6776、0.6069 和 0.5522。西藏自治区数字基础设施发展水平最低，平均值为 0.1080，限于自然条件，西藏数字基础设施与社会需求之间存在较大缺口，制约其数字经济持续发展，对数字西藏建设构成挑战（见图 4-6）。

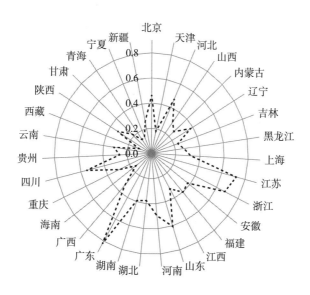

图 4-6　2013—2022 年中国 31 个省份数字基础设施空间分异特征

资料来源：根据《中国统计年鉴》、企研·数字经济产业专题库、国家统计局相关数据综合测算得出。

二、数字产业发展测度与分析

（一）数字产业化测度与分析

2013—2022 年，中国数字产业化发展水平整体变化不大，平均值在 [0.1985，0168] 的区间范围内小幅波动，这在一定程度上反映出中国对数字产业化的持续发展给予高度重视。根据中国信息通信研究院发布的《中国数字经济发展研究报告（2023 年）》，2022 年中国数字产业化规模达到 9.2 万亿元，占到数字经济比重的 18.3%，数字产业化发展正在经历从量的扩张向质的提升方向转变。（见图 4-7）。

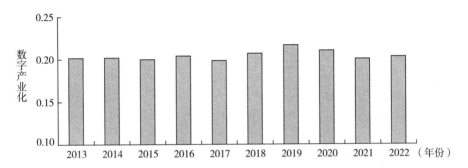

图 4-7　2013—2022 年中国 31 个省份数字产业化发展时序变化特征

资料来源：根据《中国统计年鉴》、国家统计局相关数据综合测算得出。

从空间上看，2013—2022 年中国 31 个省份数字产业化空间分异特征明显，标准差为 0.2045。广东省数字产业发展水平最高，平均值为 0.8730。作为数字经济大省，广东省依托《广东省数字经济发展指引 1.0》，充分发挥了数据资源的驱动作用，以广州等地为核心建设高端化的智能终端产业集聚区，大力推动数字经济核心产业与数字经济新型产业发展。北京市数字产业化发展水平次之，平均值为 0.7150，其建设数据基础制度先行区，推动算力中心、国家区块链枢纽节点、数据训练基地等重大项目落地，统筹推进数字产业化发展。西藏自治区数字产业化发展水平最低，平均值仅为 0.0103（见图 4-8）。

（二）产业数字化测度与分析

2013—2022 年，中国产业数字化发展的波动特征较为明显，产业数字化平均值整体由 2013 年的 0.3479 增至 2022 年的 0.3771。总的来看，产业数字化转型进程稳步推进，表现为农业数字化全面推进，工业数字化转型加速，服务业的

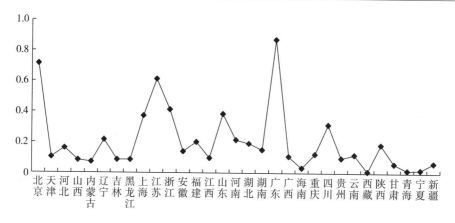

图 4-8　2013—2022 年中国 31 个省份数字产业化空间分异特征

资料来源：根据《中国统计年鉴》、国家统计局相关数据综合测算得出。

数字化水平显著提高，电子商务、移动支付、在线学习、远程会议、视频直播、网络购物等新业态和新模式竞相发展。根据中国信息通信研究院发布的《中国数字经济发展研究报告（2023 年）》，2022 年中国产业数字化规模达到 41 万亿元，占数字经济比重为 81.7%，产业数字化成为数字经济发展的主引擎（见图 4-9）。即便如此，由于中国产业门类众多，其数字化发展所处阶段有所不同，且各行业的数字化需求差别较大、标准和要求等尚未统一，加上受到数字化人才严重不足、数据资源价值潜力没有得到充分挖掘等的制约，产业数字化发展面临较大挑战。

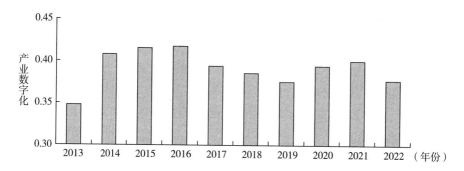

图 4-9　2013—2022 年中国 31 个省份产业数字化发展时序变化特征

资料来源：根据《中国统计年鉴》相关数据综合测算得出。

从空间上看，2013—2022 年中国 31 个省份产业数字化标准差为 0.1648，仅有 10 个省份产业数字化水平高于平均水平（0.3915），依次是广东省、北京市、上海市、山东省、江苏省、浙江省、安徽省、四川省、湖北省、海南省。其中，广东省与北京市产业数字化发展水平整体较高，平均值分别为 0.8663、0.8456；上海市产业数字化发展水平次之，平均值为 0.7438；新疆维吾尔自治区数字产业化发展水平最低，平均值仅为 0.2008，这是由于投入资金与产业支撑不足、数字化人才短缺、数字化服务企业少、数字基础设施不完备等问题对其产生制约（见图 4-10）。

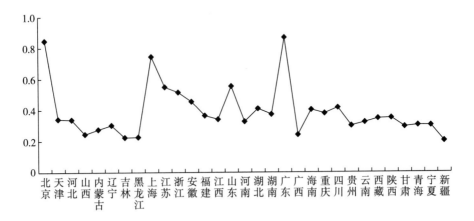

图 4-10　2013—2022 年中国 31 个省份产业数字化空间分异特征

资料来源：根据《中国统计年鉴》相关数据综合测算得出。

（三）数字产业发展测度与分析

2013—2022 年，中国数字产业发展态势总体与产业数字化发展态势基本一致，呈现较为明显的波动特征，数字产业平均值由 2013 年的 0.2852 增至 2022 年的 0.3026，增长速度相对缓慢，可见数字经济对于产业发展的价值潜力尚没有得到充分挖掘，未来应顺应数字经济发展的规律与态势，构筑产业发展的新形态，加快产业创新体系建设，发挥数据要素的乘数效应，以此增强产业发展的效率与动能（见图 4-11）。

从空间上看，2013—2022 年中国 31 个省份数字产业标准差为 0.1766，空间分异特征相对明显，仅有广东省、北京市、上海市、江苏省、山东省、浙江省、四川省、安徽省、湖北省的数字产业发展水平高于平均值（0.3113）。其中，以广东省数字产业发展水平最高，依托数字化与智能化手段，其软件和信息技术服务业以及电子信息制造业等数字产业得以快速发展；东北地区的黑龙江省（0.1658）、吉林省（0.1642）以及新疆维吾尔自治区（0.1427）数字经济发展水平相对较低，以新疆维吾尔自治区数字产业发展水平最低，坚持创新驱动基础上的数字产业可持续发展应当成为其关注重点（见图 4-12）。

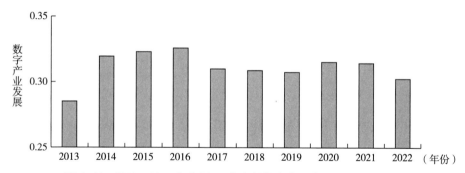

图 4-11 2013—2022 年中国 31 个省份数字产业发展时序变化特征

资料来源：根据《中国统计年鉴》、国家统计局相关数据综合测算得出。

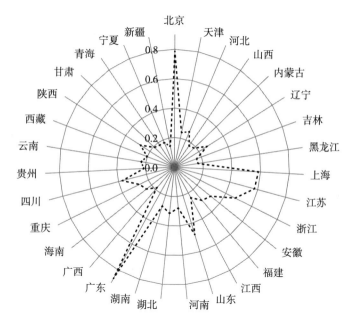

图 4-12 2013—2022 年中国 31 个省份数字产业发展空间分异特征

资料来源：根据《中国统计年鉴》、国家统计局相关数据综合测算得出。

三、数字经济环境测度与分析

（一）数字创新环境测度与分析

2013—2022 年，中国数字创新环境以 2019 年为界线，大致呈现先减后增的"V"形发展态势。其中，2013—2019 年，中国数字创新环境呈现下降态势，平均值由 2013 年的 0.1722 下降至 2019 年的 0.0941。2020 年以来，在新冠病毒感染疫情暴发以及全球经济下行的背景下，伴随在线教育、远程医疗、共享平台、跨境电商、协同办公等服务的广泛应用，中国数字创新环境不断改善，数字创新环境平均值由 2020 年的 0.1546 增至 2022 年的 0.1578，这在一定程度上推动了数字创新生态的营造和数字经济活力的激发（见图 4-13）。

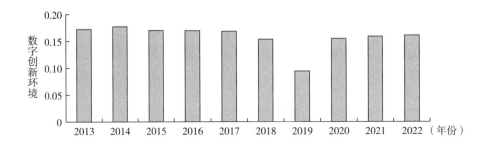

图 4-13 2013—2022 年中国 31 个省份数字创新环境时序变化特征

资料来源：根据《中国统计年鉴》相关数据综合测算得出。

2013—2022 年，中国 31 个省份数字创新环境标准差为 0.2170，可见各省份之间数字创新环境差异较大，极化特征相对明显；其中，广东省数字创新环境"一枝独大"，平均值为 0.9656。通过颁布并实施《广东省改善创新环境五年行动计划》《广东省数字政府改革建设"十四五"规划》等系列举措，广东省创新环境得以显著改善，根据《2022 年中国区域创新能力评价报告》，广东省区域创新能力连续六年排名全国第一。从评价指标来看，广东省创新环境指标同样排名全国第一；江苏省数字创新环境排名第二，仅次于广东省之后，平均值为0.7625；西藏自治区数字创新环境最差，平均值仅为 0.0004（见图 4-14）。

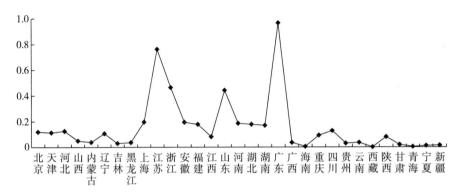

图 4-14 2013—2022 年中国 31 个省份数字创新环境空间分异特征

资料来源：根据《中国统计年鉴》相关数据综合测算得出。

（二）数字金融环境测度与分析

2013—2022 年，中国数字金融环境呈现波动增长态势，平均值由 2013 年的 0.6993 增至 2022 年的 0.8236，这是由于国家高度重视数字经济与金融科技的融合发展，通过出台《银行业普惠金融业务数字化模式规范》《关于银行业保险业数字化转型的指导意见》等系列政策与措施，引导、支持和促进了数字金融的创新与发展。然而中国数字金融环境的波动幅度相对较小，数字金融需要在促进发展、防范风险等多个方面采取举措，以推动数字金融的健康持续高质量发展（见图 4-15）。

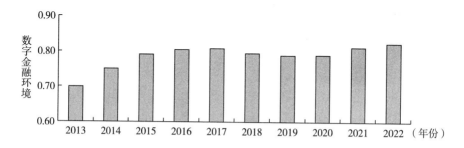

图 4-15　2013—2022 年中国 31 个省份数字金融环境时序变化特征

资料来源：根据《北京大学数字普惠金融指数报告》相关数据综合测算得出。

从空间上看，2013—2022 年中国 31 个省份数字金融环境空间分异特征不明显，标准差为 0.0807，可见各省份之间数字金融环境差异不大。其中，上海市数字金融环境水平最高，平均值为 0.9986，其通过积极推动大数据、区块链、人工智能等新技术的深度融合，深入实施创新发展战略，全面赋能金融科技应用，助推上海市金融科技发展进入高质量发展阶段。北京市数字金融环境次之，平均值为 0.9796，其始终坚持服务实体经济的根本宗旨，高度重视数字金融发展，着重激发"数据要素+金融+科技"的倍增效应，通过拓展应用场景、强化金融监管、共建数字金融新生态等，为数字金融提供更加优良的发展环境。浙江省数字金融环境水平处于第三位，平均值为 0.9431，其通过顺应金融科技快速发展以及金融服务要求不断提升的新形势，以金融改革为主抓手、以金融产品创新为主线、以金融服务的无障碍建设为着力点，打造数字普惠金融发展的新高地，培育金融数字化创新"土壤"，为普惠金融的持续健康发展注入了新动能。青海省数字金融环境水平最低，平均值为 0.6766，数字金融环境有待进一步优化（见图 4-16）。

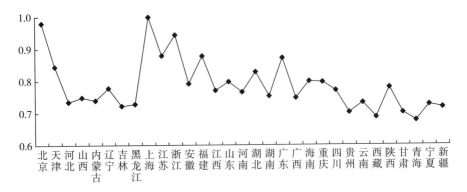

图 4-16 2013—2022 年中国 31 个省份数字金融环境空间分异特征

资料来源：根据《北京大学数字普惠金融指数报告》相关数据综合测算得出。

（三）数字经济环境测度与分析

2013—2022 年，中国数字经济环境发展呈现相对明显的"N"形特征。其中，2013—2017 年，中国数字经济环境呈现逐年增长态势，数字经济环境平均值由 2013 年的 0.3040 增至 2017 年的 0.3282。2018—2019 年，中国数字经济环境开始呈现下降态势，平均值由 0.3138 减至 0.2679。2020—2023 年，中国数字经济发展水平呈现逐年递增态势，平均值由 2020 年的 0.3134 增至 2022 年的 0.3263（见图 4-17）。

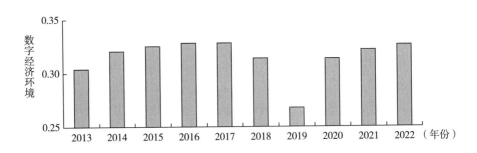

图 4-17 2013—2022 年中国 31 个省份数字经济环境时序变化特征

资料来源：根据《中国统计年鉴》《北京大学数字普惠金融指数报告》相关数据综合测算得出。

从空间上看，2013—2022 年中国 31 个省份数字经济环境分异特征相对明显，标准差为 0.1743。广东省数字经济环境水平最高，平均值为 0.9419。经过多年努力，广东省在数字经济环境方面做了大量卓有成效的工作，如始终坚持党对数字经济的全面领导、制定数字经济具体规划和政策文件、面向全球招揽数字广东建设领军人才、深入推进数字经济法治建设、切实保障数据安全等。江苏省数字经济环境水平次之，平均值为0.7915。作为全国数字经济较为发达的省份之一，江苏省通过不断完善数字经济发展的法律环境与制度环境，如《关于深入推进数字经济发展的意见》《江苏省"十四五"数字经济产业发展规划》《江苏省数字经济促进条例》等，推动数字经济发展成为江苏省发展的新引擎。浙江省数字经济环境水平位居第三，平均值为0.5842。作为全国最早制定出台并开展实施数字经济发展政策的省份，浙江省早在2017年就将数字经济作为了"一号工程"，之后通过发布《数字经济发展"十四五"规划》等，为数字经济发展提供了良好的体制机制环境。青海省数字经济环境水平最低，平均值仅为0.1716，未来其应创新数字管理模式，建立具有青海省特色的数字经济保障体系，构建包括需求对接、场景宣传、招商引资、沟通协同、产业协同等的综合政策链，为青海省数字经济发展提供精准政策支持（见图4-18）。

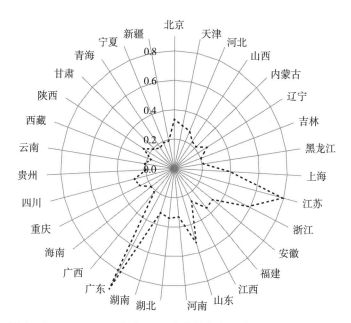

图4-18　2013—2022年中国31个省份数字经济环境空间分异特征

资料来源：根据《中国统计年鉴》《北京大学数字普惠金融指数报告》相关数据综合测算得出。

四、数字经济发展水平综合测度与分析

2013—2022年，中国数字经济发展水平整体呈现递增态势，数字经济平均

值由 2013 年的 0.3147 增至 2022 年的 0.3389。自 2012 年党的十八大以来，中国坚持实施网络强国战略，对于数字经济发展的重视程度不断提升，出台了《网络强国战略实施纲要》《数字经济发展战略纲要》《数字中国建设整体布局规划》《"十四五"大数据产业发展规划》《"十四五"数字经济发展规划》等系列数字经济发展战略，实施了"互联网+"行动、企业数字化转型、大数据行动纲要、"东数西算"、新型数字基础设施等系列数字经济发展工程，数字基础设施实现了跨越式发展、数字产业创新能力进一步提升、产业数字化转型提档加速、公共服务数字化深入推进，推动了中国数字经济发展从小到大、从大到强。截至 2022 年底，中国数字经济发展规模占 GDP 比重达到 41.5%。然而，中国数字经济发展速度相对较慢，年均增速仅为 0.74%，存在关键领域创新能力相对不足、传统产业的数字化转型较慢、数字鸿沟有待弥合、数字经济治理体系尚需完善等问题，在一定程度上制约数字经济的高质量发展。

如表 4-4 所示，从全国三大经济地带来看，中国数字经济发展整体呈现"东部>中部>西部"的空间分布特征，数字经济平均值分别为 0.4641、0.2756 和 0.2359。其中，东部沿海地区依托资源禀赋和政策优势，通过与实体经济加快融合，其数字经济发展水平最高，数字经济发展较为全面，数字政府、智慧医疗、智慧交通等顶层设计不断完善，数字经济发展不断渗透到生活和生产中。中西部内陆地区数字经济发展水平相对较低，但目前中部数字经济崛起带已经初现模型，武汉、合肥、长沙、贵阳等城市正积极融入中国数字经济分工体系，成渝、西咸等地区逐渐成为区域数字经济发展的重要增长极，数字经济发展势头不容小觑。

表 4-4　2013—2022 年中国三大经济地带数字经济环境时序变化特征[①]

地区	2013 年	2014 年	2015 年	2016 年	2017 年	2018 年	2019 年	2020 年	2021 年	2022 年
东部	0.4679	0.4722	0.4734	0.4713	0.4683	0.4566	0.4385	0.4620	0.4644	0.4660
中部	0.2560	0.2608	0.2665	0.2725	0.2768	0.2746	0.2725	0.2915	0.2939	0.2908
西部	0.2050	0.2168	0.2286	0.2403	0.2403	0.2404	0.2399	0.2491	0.2516	0.2473
全国	0.3147	0.3216	0.3277	0.3327	0.3330	0.3281	0.3209	0.3383	0.3408	0.3389

资料来源：根据《中国统计年鉴》、国家统计局相关数据综合测算得出。

---

①　东部经济地带包括北京、天津、河北、辽宁、上海、江苏、浙江、福建、山东、广东、海南 11 个省份；中部经济地带包括山西、内蒙古、吉林、黑龙江、安徽、江西、河南、湖北、湖南、广西 10 个省份；西部经济地带包括四川、贵州、云南、西藏、陕西、甘肃、青海、宁夏、重庆、新疆 10 个省份。下同。

如图 4-19 所示，从全国 31 个省份来看，广东省、江苏省、浙江省、北京市、山东省等处于数字经济发展的第一梯队，数字经济平均值分别为 0.8699、0.6795、0.5708、0.5677 和 0.5376，这与其较高的经济发展水平以及优越的资金、技术、政策等要素的支撑密切相关。新疆维吾尔自治区、宁夏回族自治区、青海省和西藏自治区数字经济发展处于最低一级，数字经济平均值分别为0.1950、0.1702、0.1622 和 0.1616，数字经济发展水平有待进一步提升。

图 4-19 2013—2022 年中国 31 个省份数字经济发展水平综合得分

资料来源：根据《中国统计年鉴》、国家统计局相关数据综合测算得出。

第三节 中国公共服务效率测度分析

基于公共服务效率投入产出评价指标体系，运用 DEAP2.1 软件，本书测算了 2013—2022 年中国 31 个省份公共服务综合效率、公共服务纯技术效率和公共服务规模效率得分。

一、公共服务综合效率测度与分析

2013—2022 年，中国 31 个省份公共服务综合效率整体呈现递增态势，综合效率平均值由 2013 年的 0.9644 增至 2022 年的 0.9916，年均增长率为 0.28%。原因在于，自 2005 年 10 月公共服务问题正式进入公众视野以来，在一系列公共服务政策、规划、制度等的支持下，国家对于公共服务的重视程度不断提高，覆盖全民的公共服务制度体系初步构建，各级各类公共服务设施逐渐完善，公共服务项目与标准得到全面落实，人民群众的生活持续改善，物质基础日益雄厚。然而，中国公共服务发展同样存在区域差异显著、均等化水平有待进一步提升、优质公共服务资源相对缺乏、非公共服务供给不足、公共服务效能有待提高等问题，在一定程度上制约公共服务高质量发展，影响公共服务增长速度（见图 4-20）。

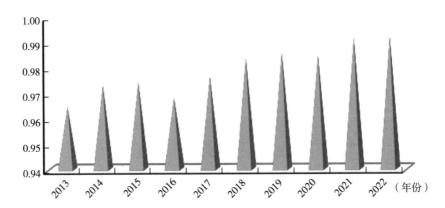

图 4-20 2013—2022 年中国 31 个省份公共服务综合效率时序变化特征

资料来源：根据《中国统计年鉴》相关数据测算得出。

2013—2022 年，中国三大经济地带公共服务综合效率总体呈现"东部>西部>中部"的分布特征，公共服务综合效率平均值分别为 0.9850、0.9832 和 0.9682。可见，东部经济地带公共服务综合效率相对较高；西部经济地带公共服务综合效率整体一般；中部经济地带公共服务综合效率相对较低。从时序变化特征来看，东部经济地带和中部经济地带公共服务综合效率整体呈现增长态势，而西部经济地带公共服务综合效率呈现先减后增的"U"形发展态势（见图 4-21）。

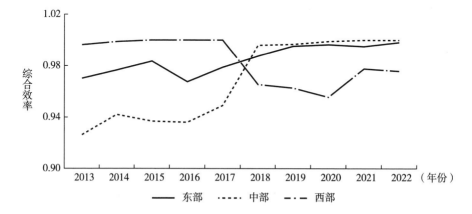

图 4-21　2013—2022 年中国三大经济地带公共服务综合效率时序变化特征

资料来源：根据《中国统计年鉴》相关数据测算得出。

2013—2022 年，中国 31 个省份公共服务综合效率相对较高，20 个省份公共服务综合效率得分超过全国公共服务综合效率平均值（0.9790），占全部省份数量的 64.52%。河北省、辽宁省、黑龙江省、浙江省、福建省、山东省、河南省、湖南省、广东省、广西壮族自治区、四川省、新疆维吾尔自治区共计 12 个省份为 DEA（数据包络分析）有效，公共服务综合效率平均值始终为 1，占全部省份数量的 38.71%。北京市、天津市、山西省、内蒙古自治区等 19 个省份均为非 DEA 有效，说明在给定公共服务资金、技术、资源、制度等投入条件下，仅有少数省份实现了产出最大化，多数省份的公共服务实际产出和最佳前沿面之间尚存在一定的距离。其中，山西省公共服务综合效率最低，平均值仅为 0.8952（见图 4-22）。

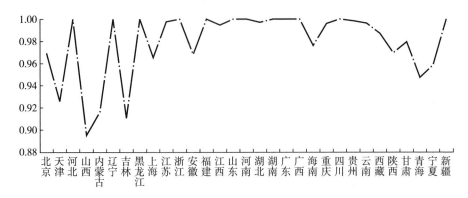

图 4-22　2013—2022 年中国 31 个省份公共服务规模效率空间分异特征

资料来源：根据《中国统计年鉴》相关数据测算得出。

二、公共服务纯技术效率测度与分析

除 2015 年和 2020 年外，中国 31 个省份公共服务纯技术效率整体呈现递增态势，公共服务纯技术效率平均值由 2013 年的 0.9820 增至 2022 年的 0.9930，年均增长率为 0.11%。近年来，伴随大数据、人工智能、区块链等数字技术的迅猛发展，一些数字技术不断深入城市生活，广泛融入智慧城市建设，对教育、医疗、就业、养老等民生保障的支撑作用越发凸显，为推进公共服务高质量发展提供重要技术支撑。通过降低公共服务交互成本、拓展公共服务能力外延、促进公共服务优质均衡等，不断提升公共服务效率，进而实现公共服务智能化、协同化、精准化、体系化和透明化。与此同时，数字技术对于公共服务也存在一些潜在风险，面临一系列新的挑战，例如，数字技术掌握在少数的龙头企业与平台中，形成市场垄断，不利于数字经济在公共服务领域的推广应用；数字技术赋能公共服务过程中面临数据安全、数据泄露和数据滥用等问题；数字技术在推进城市治理方面，发挥的作用有限；数字技术发展的不均衡加剧数字鸿沟与公共服务的差距；等等。这些问题一定程度上影响公共服务纯技术效率的提升速度（见图 4-23）。

2013—2022 年，中国三大经济地带公共服务纯技术效率总体呈现"东部>西部>中部"的分布特征，公共服务纯技术效率平均值分别为 0.9922、0.9854 和 0.9834。可见，东部经济地带公共服务纯技术效率相对较高；西部经济地带公共服务纯技术效率整体一般；中部经济地带公共服务纯技术效率相对较低。从时序变化特征来看，东部经济地带和中部经济地带公共服务纯技术效率整体呈现增长

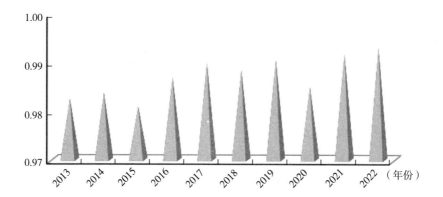

图 4-23　2013—2022 年中国 31 个省份公共服务纯技术效率时序变化特征

资料来源：根据《中国统计年鉴》相关数据测算得出。

态势，而西部经济地带公共服务纯技术效率呈现先减后增的发展态势（见图 4-24）。

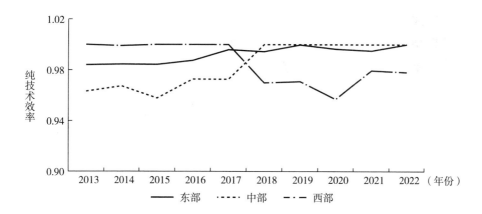

图 4-24　2013—2022 年中国三大经济地带公共服务纯技术效率时序变化特征

资料来源：根据《中国统计年鉴》相关数据测算得出。

2013—2022 年，中国 31 个省份公共服务纯技术效率有效的省份数量为 17 个，低于公共服务综合效率有效省份数，可见 54.84% 的省份公共服务处于纯技术效率前沿。贵州省、上海市、湖北省、江西省、北京市等 14 个省份的公共服务纯技术效率未达到有效，占 31 个省份的比重为 45.16%。甘肃省、陕西省、宁夏回族自治区、青海省、天津市、吉林省和山西省共 7 个省份的公共服务纯技术效率低于全国平均水平（0.9870），其公共服务纯技术效率平均值分别为 0.9807、0.9716、0.9589、0.9563、0.9318、0.9215 和 0.9181，说明这些省份的公共服务纯技术效率存在较大提升空间，未来应进一步优化公共服务要素搭配，完善公共服务要素投入结构。此外，中国 31 个省份公共服务纯技术效率标准差为 0.0238，可见各省份之间的公共服务纯技术效率整体差别不大（见图 4-25）。

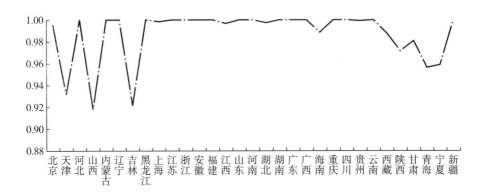

图 4-25　2013—2022 年中国 31 个省份公共服务纯技术效率空间分异特征

资料来源：根据《中国统计年鉴》相关数据测算得出。

三、公共服务规模效率测度与分析

除 2016 年外，中国 31 个省份公共服务规模效率整体呈现递增态势，公共服务效率平均值由 2013 年的 0.9820 上升至 2022 年的 0.9990，年均增长率为 0.17%。2012 年党的十八大以来，通过更多惠民生和暖民心的举措，中国公共服务投入与规模持续增加与扩大，中国公共服务体系建设取得了显著成效，构建了内容全面的公共服务结构体系，建成了世界上规模最大的医疗卫生体系、教育体系和社会保障体系；截至 2022 年，中国人口参保率在 95% 左右，同时也建设了相对完备的公共服务制度体系，构建了较为系统的公共服务标准体系，形成了多样化的公共服务方法路径，使人民福祉不断增加，生活品质不断提高。然而，在公共服务规模持续增加的过程中，依然存在规划落实偏软、制度执行偏弱、机制运行乏效等问题，公共服务的均衡性与可及性仍然有较大提升空间（见图 4-26）。

2013—2022 年，中国三大经济地带公共服务规模效率总体呈现"西部>东部>中部"的分布特征，公共服务规模效率平均值分别为 0.9977、0.9926、0.9844。

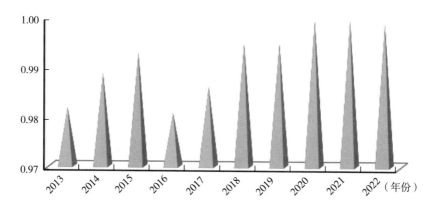

图 4-26　2013—2022 年中国 31 个省份公共服务规模效率时序变化特征

资料来源：根据《中国统计年鉴》相关数据测算得出。

可见，西部经济地带公共服务规模效率相对较高；东部经济地带公共服务规模效率整体一般；中部经济地带公共服务规模效率相对较低。从时序变化特征来看，三大经济地带公共服务规模效率均呈现缓慢增长态势，东部经济地带和中部经济地带公共服务规模效率的增长态势出现波动，而西部经济地带公共服务规模效率的增长态势较为平稳（见图 4-27）。

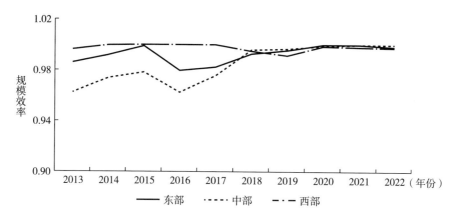

图 4-27　2013—2022 年中国三大经济地带公共服务规模效率时序变化特征

资料来源：根据《中国统计年鉴》相关数据测算得出。

2013—2022 年，中国 31 个省份公共服务规模效率有效的省份数为 12 个，明显低于公共服务综合效率和公共服务纯技术效率有效的省份数量，且呈现规模报酬不变的状态，说明这 12 个省份已达到公共服务规模最优，对于公共服务资源、资金、技术等要素的有效利用率相对较高。虽然江苏省、云南省、重庆市、安徽省和内蒙古自治区 5 个省份公共服务纯技术效率达到有效，但因其公共服务规模效率没有达到有效而使公共服务综合效率同样没有达到有效，因此公共服务规模效率有效成为影响这 5 个省份公共服务综合效率有效的主要因素。中国 31 个省份公共服务规模效率标准差为 0.0169，说明其空间分异特征不明显。河北省、辽宁省、黑龙江省、浙江省、福建省等 23 个省份公共服务规模效率平均值超过全国公共服务规模效率平均值（0.9920）。青海省、吉林省、海南省等 8 个省份公共服务规模效率平均值低于全国公共服务规模效率平均值，其中以内蒙古自治区公共服务规模效率最低，平均值仅为 0.9163。此外，贵州省、西藏自治区和青海省 3 个省份处于报酬递增阶段，说明其公共服务发展规模相对较小，且尚不成熟，未来应加大投入力度、扩大发展规模。陕西省和甘肃省 2 个省份处于报酬递减阶段，说明其公共服务资源等要素没有得到充分利用，存在一定程度的浪费与低效问题，公共服务规模效率不是特别理想（见图 4-28）。

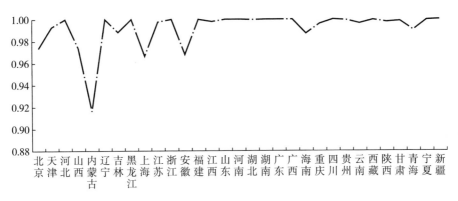

图 4-28　2013—2022 年中国 31 个省份公共服务规模效率空间分异特征

资料来源：根据《中国统计年鉴》相关数据测算得出。

本章小结

本章基于数字经济与公共服务效率评价指标体系，参照已有相关研究成果，运用熵值法综合测度 2013—2022 年中国 31 个省份的数字经济发展水平，并分析其数字基础设施、数字产业发展和数字经济环境三个子系统时空演化特征；运用数据包络分析模型测算 2013—2022 年中国 31 个省份的公共服务综合效率、公共服务纯技术效率和公共服务规模效率得分，并分析其时空演化特征，为下一步数字经济对公共服务效率影响效应及作用机制研究奠定基础。

第五章　数字经济对公共服务效率
影响的总体效应及作用机制

第一节　数字经济对公共服务效率影响的直接效应

一、模型构建与变量选取

（一）基准面板回归模型

考虑到数据存在个体性差异，本书构建地区和时间双固定效应回归模型作为基准回归模型，估计数字经济对公共服务效率的总体影响效应，设定基准面板回归模型如下：

$$E_{it}=\alpha_0+\beta_1 D_{it}+\beta_2 X_{it}+\lambda_t+\sigma_i+\varepsilon_{it} \tag{5-1}$$

式（5-1）中，i 表示省份；t 表示时间；E_{it} 表示被解释变量公共服务效率；D_{it} 表示解释变量数字经济；X_{it} 表示控制变量；β 分别为各指标的系数；λ_t 表示时间固定效应；σ_i 表示地区固定效应；ε_{it} 表示随机误差项。

（二）变量选取

1. 解释变量

选择数字经济作为解释变量。数字经济采用第四章中数字基础设施、数字产业发展和数字经济环境三个维度的综合测度结果。

2. 被解释变量

选择公共服务效率作为被解释变量。公共服务效率采用第四章中基本教育服务效率、医疗卫生服务效率、社会保障服务效率、环境保障服务效率和文化体育服务效率五个维度的综合效率测度结果。

3. 控制变量

选择城镇化水平、人口规模、财政自给能力、政府行政能力、产业结构升级五个变量。其中，城镇化水平采用城镇人口占总人口比重进行表征；人口规模采用年末常住人口数进行表征；财政自给能力采用财政收支比进行表征；政府行政能力采用固定资产投资（不含农户）增速进行表征；产业结构升级采用第三产业增加值占地区生产总值比重进行表征。

二、基准回归结果分析

（一）基准回归结果

本书采用双向固定效应模型评估数字经济对公共服务效率的影响效应。表5-1为数字经济对公共服务效率影响的基准回归结果。

表 5-1   基准回归结果

变量或指标名称	公共服务效率					
	（1）	（2）	（3）	（4）	（5）	（6）
数字经济	0.063 ***	0.333 **	0.276 *	0.298 *	0.299 *	0.359 **
	（3.66）	（2.03）	（1.69）	（1.79）	（1.81）	（2.15）
城镇化水平		-0.012 ***	-0.011 ***	-0.011 ***	-0.010 ***	-0.010 ***
		（-5.83）	（-5.53）	（-5.31）	（-4.84）	（-4.89）
人口规模			-0.000 ***	-0.000 ***	-0.000 **	-0.000 **
			（-2.71）	（-2.65）	（-2.58）	（-2.33）
财政自给能力				-0.065	-0.083	-0.158
				（-0.73）	（-0.93）	（-1.65）
政府行政能力					0.001 *	0.001 *
					（1.70）	（1.77）
产业结构升级						-0.257 **
						（-2.01）
常数项	0.958 ***	1.489 ***	1.713 ***	1.721 ***	1.673 ***	1.792 ***
	（151.29）	（15.05）	（13.38）	（13.38）	（12.74）	（12.49）
年份固定效应	已控制	已控制	已控制	已控制	已控制	已控制
省份固定效应	已控制	已控制	已控制	已控制	已控制	已控制
观测值	310	310	310	310	310	310
R^2	0.142	0.156	0.178	0.180	0.189	0.201

注： ***、**、*分别表示1%、5%、10%的显著性水平；括号内为标准误。

资料来源：主要来源于《中国统计年鉴》、企研·数字经济产业专题库、国家统计局等。

其中，列（1）仅控制地区和时间的固定效应，列（2）至列（6）逐渐加入相关控制变量。在上述估计结果中，核心解释变量数字经济系数值较为稳定，且均在10%水平上显著为正。以列（6）为例，数字经济发展变量的估计系数为0.359，且在5%水平上显著，可见，数字经济对公共服务效率的推动作用明显。

由列（4）可知，在控制变量方面，仅有政府行政能力在10%的水平上显著为正，可见中国公共服务发展的政府主导特征尤为明显，原因在于中国公共服务是由政府主导、以公共利益为核心、以保障公民权利和促进公民发展为目标所安排或提供的各种服务与活动的总称，政府部门的公共权威、服务属性以及财政支撑决定了政府在公共服务供给过程中发挥着主导作用，承担着基本公共服务兜底和普惠性服务供给以及购买其他社会服务的责任。城镇化水平变量在1%的水平上显著为负，人口规模在5%的水平上显著为负，说明城镇人口规模与人口总规模越大，对于公共服务的需求就越旺盛，在一定程度上导致公共服务供需不匹配，降低了公共服务供给效率。中国式分权背景下的财权上收以及财政事权与支出责任下移导致区域财政能力横向差距较大且财政纵向失衡问题突出，使财政压力陡增，进而影响财政支出结构，呈现较为明显的生产性偏向，公共服务供给能力、公共服务供给效率与公共服务供给积极性均会受到较大影响。

（二）稳健性检验

通过替换核心解释变量、改变控制变量、更换估计方法、解释变量滞后一期等方法来进行稳健性检验。在表5-2中，列（1）借鉴赵涛等[①]的研究，从互联网发展和数字普惠金融两方面，采用熵值法，按照年度对各省份数字经济发展水平进行测度评价，得到省份的数字经济综合发展指数作为核心解释变量数字经济的替代指标；列（2）剔除了直辖市；列（3）采用Tobit模型估计；列（4）为解释变量滞后一期。结果均表明数字经济对公共服务效率的影响是正向的，结果是稳健的。

表5-2　稳健性检验

变量或指标名称	公共服务效率			
	（1）	（2）	（3）	（4）
数字经济	0.095**	0.527***	0.085**	0.626***
	(1.18)	(2.74)	(1.56)	(2.95)

① 赵涛，张智，梁上坤. 数字经济、创业活跃度与高质量发展——来自中国城市的经验证据 [J]. 管理世界，2020，36（10）：65-75.

续表

变量或指标名称	公共服务效率			
	（1）	（2）	（3）	（4）
城镇化水平	-0.008***	-0.018***	0.000	-0.013***
	（-4.05）	（-5.06）	（0.18）	（-5.10）
人口规模	-0.000***	-0.000**	0.000**	-0.000**
	（-2.68）	（-2.58）	（2.27）	（-2.05）
财政自给能力	-0.104	0.066	-0.097	-0.037
	（-1.11）	（0.64）	（-1.61）	（-0.35）
政府行政能力	0.001	0.000	0.001*	0.001*
	（1.62）	（1.30）	（1.84）	（1.72）
产业结构升级	-0.178	-0.178	0.053	-0.359**
	（-1.37）	（-1.42）	（0.95）	（-2.41）
常数项	1.782***	1.979***	0.941***	1.909***
	（12.26）	（10.79）	（25.68）	（11.02）
年份固定效应	已控制	已控制	已控制	已控制
省份固定效应	已控制	已控制	已控制	已控制
观测值	310	270	310	310
R^2	0.191	0.178	—	0.454

注：***、**、*分别表示1%、5%、10%的显著性水平；括号内为标准误。

资料来源：主要来源于《中国统计年鉴》、企研·数字经济产业专题库、国家统计局等。

（三）异质性分析

中国幅员辽阔，在资源禀赋、经济水平、基础建设和生产模式等方面存在较大差异，进而演化成各地区发展不平衡的特点。因此，数字经济对公共服务效率的影响可能存在异质性。这里将从地理位置和传统基础设施两个方面，考察数字经济推动公共服务效率发展的作用效果是否会因地理位置和传统基础设施的差异而表现不同。数字经济的发展对传统基础设施建设水平具有一定的依赖性，相对完善的传统基础设施不仅会带动地区经济发展，而且会加快地区的数字化转型，进而推动公共服务效率提升。按照地理位置将全国划分为东部地区和中西部地区两组，而传统基础设施则使用城市人均道路面积来表示，按平均值分为高传统基础设施水平和低传统基础设施水平。

在表5-3中，以列（1）回归结果为例，东部地区在1%水平上显著为正，表明在相同的数字经济发展水平下，越靠近东部地区，对公共服务效率发展的影响越大，即数字经济发展对东部地区公共服务效率促进作用最大。同时，由列（4）回归结果可知，高传统基础设施水平显著为正，表明随着传统基础设施建设的完善，数字经济对公共服务效率发展的积极效应更明显。究其原因，相较于中西部地区，东部地区在资源禀赋、经济发展水平、市场运行环境、地方财政实力等方面具有明显优势，为数字经济的发展提供了必不可少的环境与条件；再加上数字经济发展对相关基础设施的建设具有较强的依赖性，在传统基础设施完善地区更能破除数字经济进一步发展的障碍。因此，在这些既有优势的综合作用下，智慧城市建设推进速度更快，也更有利于数字经济发挥对公共服务效率提升的促进作用，实现数字经济成果的快速转化。

表 5-3　异质性分析

变量或指标名称	（1）东部地区	（2）中部地区	（3）西部地区	（4）高传统基础设施水平	（5）低传统基础设施水平
数字经济	0.307*** (2.94)	−1.063 (−1.61)	0.942 (3.02)	0.049** (0.68)	0.266 (0.68)
常数项	1.856*** (8.37)	1.903*** (5.51)	0.695*** (2.68)	1.108*** (10.36)	2.216*** (8.29)
控制变量	已控制	已控制	已控制	已控制	已控制
年份固定效应	已控制	已控制	已控制	已控制	已控制
省份固定效应	已控制	已控制	已控制	已控制	已控制
观测值	120	90	100	122	188
R^2	0.350	0.640	0.520	0.151	0.243

注：***、**分别表示1%、5%的显著性水平；括号内为标准误。

资料来源：主要来源于《中国统计年鉴》、企研·数字经济产业专题库、国家统计局等。

第二节　数字经济对公共服务效率影响的中介效应

根据前文分析，数字经济的发展对公共服务效率产生显著的正向促进作用。这里需要进一步思考的是，数字经济的发展到底通过何种传导机制对公共服务效率产生影响。

众所周知，在数字经济发展过程中，一方面，技术创新必然对公共服务效率的提升产生显著影响，既扩大了公共服务外延，也促进了公共服务均等化。另一方面，公共支出对公共服务效率的提升也发挥着重要作用，通过大力提供教育、医疗、社保等服务和公共产品，提高公共服务发展水平，进而通过引入现代管理理念、组建绩效管理机构、合理界定财政支出范围等一系列举措，提升公共服务效率。

一、模型构建与变量选取

（一）中介效应模型构建

为了进一步探究数字经济对公共服务效率的作用机制，本书借鉴温忠麟等[①]的研究，构建中介效应模型如下：

$$M_{it}=\alpha_0+\gamma_1 D_{it}+\gamma_2 X_{it}+\lambda_t+\sigma_i+\varepsilon_{it} \tag{5-2}$$

$$E_{it}=\alpha_0+\gamma_1 D_{it}+\gamma_2 M_{it}+\gamma_3 X_{it}+\lambda_t+\sigma_i+\varepsilon_{it} \tag{5-3}$$

式（5-2）、式（5-3）中，i 表示省份；t 表示时间；E_{it} 表示被解释变量公共服务效率；D_{it} 表示解释变量数字经济；M_{it} 表示中介变量；X_{it} 表示控制变量；α、γ 分别表示各指标的系数；λ_t 表示时间固定效应；σ_i 表示地区固定效应；ε_{it} 表示随机误差项。

（二）变量选取

1. 解释变量

选择数字经济作为解释变量。数字经济采用第四章中的测算结果，即数字基础设施、数字产业发展和数字经济环境三个维度的综合测度结果。

2. 被解释变量

选择公共服务效率作为被解释变量。公共服务效率采用第四章中的测算结果，即基本教育服务效率、医疗卫生服务效率、社会保障服务效率、环境保障服务效率和文化体育服务效率五个维度的综合效率测度结果。

3. 中介变量

选取技术创新和公共支出作为中介变量。其中，技术创新是经济发展与民生改善的新引擎和新动力，运用人均专利授权量进行表征。公共支出表示对经济发展的干预程度和公共资源的配置结构，运用地方政府一般预算支出占地区生产总值的比重进行表征。

4. 控制变量

选择经济发展水平、城镇化水平、人口规模、财政自给能力、政府行政能

---

①　温忠麟，叶宝娟. 有调节的中介模型检验方法：竞争还是替补？[J]. 心理学报，2014，46（5）：714-726.

力、产业结构升级六个变量。其中，经济发展水平采用人均地区生产总值进行表征；城镇化水平采用城镇人口占总人口比重进行表征；人口规模采用年末常住人口数进行表征；财政自给能力采用财政收支比进行表征；政府行政能力采用固定资产投资（不含农户）增速进行表征；产业结构升级采用第三产业增加值占地区生产总值比重进行表征。

二、中介效应检验

（一）基于技术创新的中介效应

假说 1：数字经济作为一种全新的经济形态，既需要技术创新的支撑，对技术创新提出新要求和新动力，又能够显著地影响技术创新，为创新要素的合理高效配置提供契机和思路，缩短创新要素的培育周期，提升创新要素的匹配效率，进而推动人工智能和量子技术等前沿领域的创新成果不断涌现，促进数字消费与智能家居等的消费热点不断升温。而技术创新的快速进步与发展从多个维度影响着公共服务的基本模式，使公共服务向着主体多元协同、内容精准个性、方式集成便捷、效果标准可视等高质量发展方向转变，对公共服务效率提升发挥重要作用，以此能够更好地满足人民群众对于公共服务的多元化与个性化需求，为中国式现代化进程筑牢民生之基。

因此，基于上述分析，提出以下理论假设：

H1：数字经济可以通过促进技术创新改善公共服务效率。

根据本书理论分析，数字经济不仅可以直接作用于公共服务效率，而且能够通过技术进步来提高公共服务效率，因此，进一步以中介模型为基础来检验其作用路径，结果如表 5-4 所示。在表 5-4 中，列（1）展示了数字经济影响公共服务效率的基准回归结果；列（2）展示了数字经济对技术创新的回归结果；列（3）展示了以列（1）模型为基础加入技术创新的回归结果。可以看出，列（3）中数字经济的系数显著为正，表明数字经济对公共服务效率具有显著的正向增强效应；技术创新的系数也显著为正，表明技术创新的中介效应显著存在。这说明数字经济可以通过提升技术创新水平来改善公共服务效率，H1 得到验证。

（二）基于公共支出的中介效应

假说 2：数字经济的发展能够通过降低消费成本和收入效应增加居民的基础性支出与享受性支出，尤其是能够增加低支出家庭的基础性支出与享受性支出。同时，数字经济可以通过拉动消费、投资、出口、就业等促进经济增长，进而扩大税基，提高政府的税收征管能力，以此能够缓解财政支出压力，优化公共支出结构，增加公共支出规模。而公共支出的增加是增加公共服务供给的关键影响因素之一，能够促进公共消费尤其是教育、医疗、育幼、养老等公共服务的支出，产生消费乘数效应、人力资本效应和消费挤入效应，进而通过调整公共支出结构等系列举措，强化公共支出资金的监督管理，提高公共服务支出偏向，提升公共服务供给效率，以此为公民个人利益的实现提供现实保障，形成"人民需求得满足，民生领域有保障"。

因此，基于上述分析，提出以下理论假设：

H2：数字经济可以通过扩大公共支出改善公共服务效率。

根据本书理论分析，数字经济不仅可以直接作用于公共服务效率，而且能够通过公共支出来提高公共服务效率，因此进一步以中介模型为基础来检验其作用路径，结果如表5-4所示。在表5-4中，列（4）展示了数字经济对公共支出的回归结果；列（5）展示了以列（1）模型为基础加入公共支出的回归结果。可以看出，列（5）中数字经济的系数显著为正，表明数字经济对公共服务效率具有显著的正向增强效应，公共支出的系数也显著为正，表明公共支出的中介效应显著存在。这说明数字经济的发展可以通过扩大公共支出、提升财政透明度以及降低财政压力来改善公共服务效率，H2得到验证。

表5-4　中介效应结果分析

变量或指标名称	（1）公共服务效率	（2）技术创新	（3）公共服务效率	（4）公共支出	（5）公共服务效率
数字经济	0.359 ** (2.15)	0.465 ** (0.65)	0.347 ** (2.06)	0.484 * (1.81)	0.341 ** (2.03)
技术创新			0.032 ** (2.26)		
公共支出					0.037 ** (0.95)
常数项	1.792 *** (12.49)	8.808 *** (14.38)	1.077 *** (10.92)	2.087 *** (9.07)	1.716 *** (10.44)
控制变量	已控制	已控制	已控制	已控制	已控制
年份固定效应	已控制	已控制	已控制	已控制	已控制
省份固定效应	已控制	已控制	已控制	已控制	已控制
观测值	310	310	310	310	310
R^2	0.201	0.765	0.216	0.537	0.204

注：***、**、*分别表示1%、5%、10%的显著性水平；括号内为标准误。

资料来源：主要来源于《中国统计年鉴》、企研·数字经济产业专题库、国家统计局等。

第三节　数字经济对公共服务效率影响的门槛效应

一、模型构建与变量选取

（一）门槛回归模型

为更加客观地描述数字经济与公共服务效率之间的非线性关系，本书采用 Hansen 构建的门槛回归模型分析数字经济对公共服务效率的影响是否存在结构性突变。其中单一门槛模型的具体形式为：

$$y_{it} = \alpha x_{it} I\ (q_{it} \le \gamma)\ + \beta x_{it} I\ (q_{it} > \gamma)\ + \varepsilon_{it} \tag{5-4}$$

式（5-4）中，q_{it} 为门槛变量；γ 为门槛值；$I\ (\cdot)$ 为指示性函数，当 $q_{it} \le \gamma$ 时，$I\ (\cdot) = 1$，当 $q_{it} > \gamma$ 时，$I\ (\cdot) = 0$；α、β 为待估变量参数；$\varepsilon_{it} \sim I_{id}\ (0,\ \delta^2)$ 为随机干扰项；i 为 31 个省份；t 为所选取样本的时间。

考虑到现实中可能会出现多重门槛，因此在单一门槛模型的基础上，构建多重门槛模型：

$$y_{it} = \alpha x_{it} I\ (q_{it} \le \gamma_1)\ + \beta x_{it} I\ (\gamma_1 < q_{it} \le \gamma_2)\ + \eta x_{it} I\ (q_{it} > \gamma_2)\ + \varepsilon_{it} \tag{5-5}$$

式（5-5）中，$\gamma_1 < \gamma_2$，说明存在两个门槛值。

（二）变量选取

1. 核心解释变量

选择数字经济（DEL）作为核心解释变量。数字经济采用第四章中数字基础设施、数字产业发展和数字经济环境三个维度的综合测度结果。

2. 被解释变量

选择公共服务效率（PSE）作为被解释变量。公共服务效率采用第四章中基本教育服务效率、医疗卫生服务效率、社会保障服务效率、环境保障服务效率和文化体育服务效率五个维度的综合效率测度结果。

3. 门槛变量

选择经济发展水平（EDL）作为门槛变量。经济发展水平采用人均 GDP 进行表征。

4. 控制变量

选择城镇化水平（URL）、人口规模（POS）、财政自给能力（FSS）、政府行政能力（*GAC*）、产业结构升级（*ISU*）五个变量。其中：城镇化水平采用城镇人口占总人口比重进行表征；人口规模采用年末常住人口数进行表征；财政自给能力采用财政收支比进行表征；政府行政能力采用固定资产投资（不含农户）增速进行表征；产业结构升级采用第三产业增加值占地区生产总值比重进行表征。

二、"门槛条件"检验

基于门槛回归模型，本书运用 Stata15.1 软件进行数字经济对公共服务效率影响的门槛效应分析。需要指出的是，在进行门槛效应之前，必须运用 Bootstrap 自抽样方法进行"门槛条件"检验，即依次确定门槛个数以及门槛值的真实性。

首先，通过在单一门槛、双重门槛和三重门槛的假设前提下对门槛模型的估计，确定门槛个数。由表 5-5 可以看出，单一门槛和双重门槛均通过了显著性检验，其中单一门槛的 F 统计量在 1% 水平上显著，P 值为 0.000；双重门槛的 F 统计量在 5% 水平上显著，P 值为 0.020；三重门槛没有通过显著性检验，说明在以经济发展水平为门槛变量时，数字经济对公共服务效率的影响存在显著的双重门槛效应。

表 5-5　门槛效应检验结果

门槛变量	模型	F 值	P 值	BS 次数	临界值		
					1%	5%	10%
经济发展水平	单一门槛	65.43***	0.000	300	64.6796	44.9954	29.0681
	双重门槛	23.25**	0.020	300	25.6448	19.8768	16.4950
	三重门槛	9.58	0.777	300	22.4167	17.5931	14.3959

注：***、** 分别表示 1%、5% 的显著性水平。

资料来源：根据《中国统计年鉴》相关数据测算得出。

其次，门槛值的真实性可以通过似然比检验来确定。由表 5-6 可以看出，数字经济对公共服务效率的影响存在两个门槛估计值：单一门槛估计值为 5.6502，对应的 95% 置信区间为 [3.9444，7.3560]；双重门槛估计值为 5.7227，对应的 95% 置信区间为 [4.0241，7.4214]。综上所述，数字经济对公共服务效率的影响存在基于经济发展水平的双重门槛效应。

表 5-6　门槛值估计结果

门槛变量	模型	门槛估计值	95%置信区间
经济发展水平	单一门槛	5.6502	［3.9444，7.3560］
	双重门槛	5.7227	［4.0241，7.4214］

资料来源：根据《中国统计年鉴》相关数据测算得出。

三、门槛回归结果分析

通过上述检验发现，数字经济对公共服务效率的影响存在较为明显的非线性关系，根据经济发展水平的两个门槛估计值，分别进行门槛回归估计。由表 5-7 可知，数字经济对公共服务效率的影响随着经济发展水平的提高而呈现显著的区间效应：当经济发展水平位于单一门槛估计值 5.6502 以下时，数字经济水平每提高 1%，公共服务效率提升 0.11%；当经济发展水平跨过这一门槛估计值时，数字经济水平每提高 1%，公共服务效率提升 0.12%；当经济发展水平位于双重门槛估计值 5.7227 以上时，数字经济水平每提高 1%，公共服务效率提升 0.19%。可见，伴随经济发展水平的提升，数字经济对公共服务效率的促进作用不断增强。

表 5-7　双重门槛效应的参数估计结果

变量	系数估计值	标准误差	t 统计量	P-value
$EDL1$（$edl \leqslant 5.6502$）	0.114	0.173	0.66	0.051
$EDL2$（$5.6502 < edl \leqslant 5.7227$）	0.119	0.175	0.68	0.049
$EDL3$（$edl > 5.7227$）	0.189	0.151	0.59	0.021
常数项	0.933	0.051	18.11	0.000
控制变量	已控制			
N	310			
R^2	0.510			

资料来源：根据《中国统计年鉴》、企研·数字经济产业专题库、国家统计局等相关数据综合测算得出。

本章小结

  本章基于中国 31 个省份数字经济与公共服务效率测度结果，运用基准面板回归模型分析数字经济对公共服务效率影响的直接效应，运用中介效应模型分析数字经济对公共服务效率影响的中介效应，运用门槛回归模型分析数字经济对公共服务效率影响的门槛效应，以此明晰数字经济对公共服务效率影响的作用机制和作用路径。

第六章 数字经济对公共服务效率影响的空间效应

由已有研究可知，数字经济发展具有空间外部性特征，即数字经济规模的扩大能够加深区域之间的联系，产生一定的空间溢出效应。具体来看：一方面，数字经济发展的知识溢出效应能够加速知识在技术邻近地区扩散，推动邻近地区公共服务效率提升，表现出正向的空间溢出效应；另一方面，数字经济发展能够加速有效信息的远距离快速传输，在一定程度上降低传统生产要素流动成本，进而吸引邻近地区生产要素向发达地区聚集，表现出负向的空间溢出效应。

对此，为了进一步揭示数字经济影响公共服务效率的空间异质性，本章首先构建空间权重矩阵；其次，运用空间自相关检验方法，检验数字经济与公共服务效率的全局空间自相关和局部空间自相关特征；最后，通过构建科学合理的空间面板模型，对空间计量检验和空间溢出效应结果进行分析。

第一节 空间权重矩阵构建

空间权重矩阵构建是对变量进行空间效应分析的核心步骤之一。空间权重矩阵主要用以衡量各空间单元之间的相互关系。目前，常用的空间权重矩阵主要包括空间邻近矩阵与空间距离矩阵。其中，空间邻近矩阵是用二进制来表示的邻接矩阵：如果两个空间单元相邻，则使用 1 进行表示；如果两个空间单元不相邻，则使用 0 来表示。空间距离矩阵是通过空间距离进行衡量的权重矩阵：如果两个空间单元相距越远，则空间相关度越低；如果两个空间单元相距越近，则空间相关度越高。需要注意的是，空间相邻矩阵和空间距离矩阵均是具有强烈外生的空间矩阵，并不会对变量产生内生性影响，因此，多数学者都会采用这两种矩阵开展空间效应分析。

一、空间邻近权重矩阵

空间邻近权重矩阵包括 Rook 空间权重矩阵以及 Queen 空间权重矩阵两种。其中，在 Rook 空间邻接权重矩阵中，需要有两个区域相邻并且有着共同的边界；在 Queen 空间邻接权重矩阵中，仅考虑两个区域是否相邻，并没有要求相互之间有共同的边界。因此，在关注空间效应问题上，运用 Rook 空间邻接权重矩阵以及 Queen 空间邻接权重矩阵都可以。基于此，本书选择 Rook 空间邻接权重矩阵，其中矩阵中的元素 $w_{ij}=1$ 表示区域 i 和区域 j 相邻，其具体表达式为：

$$w_{ij}=\begin{cases}1, & l_{ij}>0 \\ 0, & l_{ij}=0\end{cases} \tag{6-1}$$

式（6-1）中，w_{ij} 为空间邻接权重矩阵，l_{ij} 为边界长度。

二、空间地理矩阵

为了进一步验证数字经济的空间效应，本书还运用了基于地理距离的权重矩阵，也就是空间地理矩阵，即运用经纬度坐标测算两个地区之间的空间距离。在构造空间权重矩阵的时候，对于这一距离取倒数，进而构造反距离的空间权重矩阵。因为两个地区之间的空间交互效应会随其距离的增加而减弱，所以多数学者在运用基于地理距离的空间权重来检验模型空间效应时，会考虑通过反距离来表示空间效应影响程度和距离间的反比例关系。空间地理矩阵的距离表达式为：

$$w_{ij}=\begin{cases}1/d_{ij}, & i\neq j \\ 0, & i\neq j\end{cases} \tag{6-2}$$

式（6-2）中，w_{ij} 为基于地理距离的空间地理矩阵，d_{ij} 为两个区域或城市之间的距离，i 和 j 分别为区域或城市 i 和区域或城市 j。

另外，考虑到空间效应会伴随空间距离的增加而减弱，因此有些学者还会对空间距离的倒数取其平方或者三次方，以此表征空间距离的衰减效应，本书对空间距离的倒数取平方处理，以此来构建反距离的空间权重矩阵，验证空间交互效应。其距离表达式为：

$$w_{ij}=\begin{cases}1/d_{ij}^2, & i\neq j \\ 0, & i\neq j\end{cases} \tag{6-3}$$

式（6-3）中，w_{ij} 为基于地理距离的空间地理矩阵，d_{ij} 为两个区域或城市之间的距离，i 和 j 分别为区域或城市 i 和区域或城市 j。

第二节　空间自相关检验

变量是否存在空间相互关系，需要开展空间自相关检验。就本书的研究内容来看，在进行空间计量回归分析之前，需要对数字经济和公共服务效率进行空间自相关检验。目前，常用的空间自相关检验包括全局空间自相关检验和局部空间自相关检验。

一、空间自相关检验方法

（一）全局空间自相关检验

全局空间自相关用以分析某一现象和相邻单元在地理空间是否存在显著特征或者在空间上呈现何种分布状况，一般运用 Global Moran's I 指数进行检验，计算公式如下：

$$I = \frac{\sum\limits_{i=1}^{n}\sum\limits_{j=1}^{n} W_{ij}(X_i - \overline{X})(X_j - \overline{X})}{S^2 \sum\limits_{i=1}^{n}\sum\limits_{j=1}^{n} W_{ij}} \tag{6-4}$$

式（6-4）中，I 表示全局空间自相关指数；W_{ij} 表示空间权重矩阵，相邻为1，不相邻为0；X_i、X_j 分别表示 i、j 的区域观测值；$\overline{X}$ 表示平均值；S^2 表示样本方差，$S^2 = \sum\limits_{i=1}^{n}(X_j - \overline{x})$。

采用 Z 值法进行检验：$Z(I) = \dfrac{[I-E(I)]}{\sqrt{Var(I)}}$。其中，$E(I) = \dfrac{1}{(1-n)}$，表示数学期望；$Var(I)$ 表示变异系数。

通常情况下，$I>0$ 表示经济发展水平相似地区空间集聚，$I<0$ 表示与周边地区经济发展水平趋异，$I=0$ 表示区域相互独立且随机分布。

（二）局部空间自相关检验

局部空间自相关能够识别不同空间位置可能存在的不同空间集聚模式或空间关联模式，便于观察不同空间位置的局部不稳定性，进而发现数据的空间异质性，为区划或分类提供依据。因此，在全局空间自相关检验的基础上，可运用局部 Moran's I 指数探索数字经济与公共服务效率在特定位置或区域的空间相关特性。计算公式为：

$$I_i = \frac{(X_i - \bar{x})}{S^2} \sum_{j=1}^{n} W_{ij}(X_j - \bar{x}) \tag{6-5}$$

式（6-5）中，I_i 表示局部空间自相关指数；W_{ij} 表示空间权重矩阵，相邻为 1，不相邻为 0；X_i、X_j 分别表示 i、j 的区域观测值；$\bar{x}$ 表示平均值；S^2 表示样本方差，$S^2 = \sum_{i=1}^{n} (X_j - \bar{x})$。

二、空间自相关检验结果

（一）全局空间自相关检验结果

表 6-1 给出了 2013—2022 年中国数字经济与公共服务效率的全局 Moran's I 指数。从测度结果可以看出：数字经济与公共服务效率在研究期限内均为正值且通过了 10%水平上的显著性检验，说明其在空间上不是单独存在的，而是存在一定的正向关联特征。从 Moran's I 指数的时间演变趋势来看，数字经济与公共服务效率在研究期限内均表现为波动式发展特征，其空间关联性表现得比较平稳。

表 6-1　2013—2022 年中国数字经济与公共服务效率的全局 Moran's I 指数

年份	数字经济	公共服务效率
2013	0.170**	0.143*
2014	0.185**	0.134*
2015	0.173**	0.056*
2016	0.148*	0.011*
2017	0.132*	0.029*
2018	0.116*	0.043*
2019	0.102*	0.009*
2020	0.112*	0.228**
2021	0.120*	0.167**
2022	0.131*	0.271**

注：**、*分别表示 5%、10%的显著性水平。

资料来源：主要来源于《中国统计年鉴》、企研·数字经济产业专题库、国家统计局等。

（二）局部空间自相关检验结果

全局空间自相关检验能够从整体上验证中国数字经济与公共服务效率的空间分布，但无法显示各省份数字经济与公共服务效率的空间关联特征。

为此，本书进一步绘制出中国 31 个省份 2013 年、2016 年、2019 年和 2022 年数字经济与公共服务效率的局部 Moran's I 散点图，将局部 Moran's I 指数的空间集聚类型分为高—高型、低—高型、低—低型和高—低型四种，结果见图 6-1、图 6-2。从图 6-1、图 6-2 中可以看出，2013 年、2016 年、2019 年和 2022 年绝大多数省份都落在第一象限或第三象限内，可见，绝大多数省份数字经济与公共服务效率均表现出了高—高集聚或者低—低集聚特征，即同向集聚效应占据主导地位。

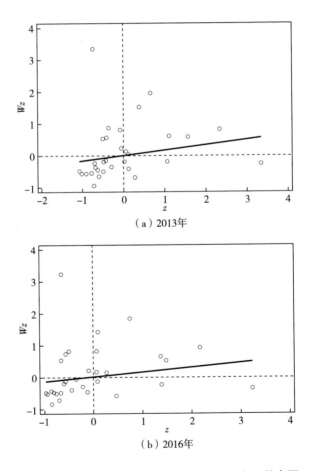

（a）2013年

（b）2016年

图 6-1　2013—2022 年中国数字经济 Moran's I 散点图

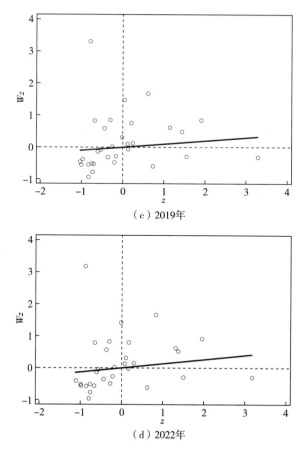

（c）2019年

（d）2022年

图 6-1 2013—2022 年中国数字经济 Moran's I 散点图（续）

资料来源：主要来源于《中国统计年鉴》、企研·数字经济产业专题库、国家统计局等。

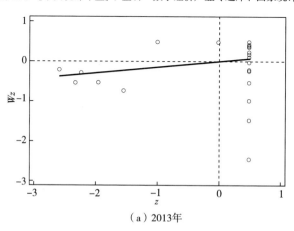

（a）2013年

图 6-2 2013—2022 年中国公共服务效率 Moran's I 散点图

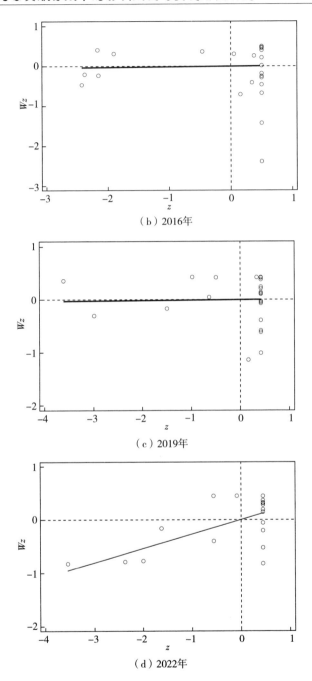

（b）2016年

（c）2019年

（d）2022年

图 6-2　2013—2022 年中国公共服务效率 Moran's I 散点图（续）

资料来源：主要来源于《中国统计年鉴》、企研·数字经济产业专题库、国家统计局等。

第三节 空间效应结果分析

一、空间面板模型构建

在充分考虑公共服务效率提升的空间相关性后，本书引入空间因素，探析地理空间上数字经济促进公共服务效率提升的作用效果。由于空间杜宾模型（SDM）包含了因变量及自变量的空间滞后项，能够同时考察本地区和相邻地区的解释变量对本地区被解释变量的影响，是检验地理要素空间关系的重要模型，更为契合本书的研究思路，因此，本书采用空间杜宾模型来检验数字经济对公共服务效率影响的空间溢出效应，公式如下[①]：

$$eco_{it} = \beta_0 + \beta_1 cou_{it} + \beta_2 z_{it} + \rho Weco_{it} + \sigma Wcou_{it} + \gamma Wz_{it} + \mu_i + \lambda_t + \varepsilon_{it} \tag{6-6}$$

式（6-6）中，eco_{it} 为地区 i 在第 t 年时的公共服务效率；cou_{it} 为地区 i 在第 t 年的数字经济；z_{it} 为由能够影响公共服务效率的控制变量组成的集合向量；W 为空间权重矩阵，反映地区之间的空间关联关系，本书采用邻接权重矩阵；$Weco_{it}$ 为被解释变量公共服务效率的空间滞后项；$Wcou_{it}$ 为数字经济的空间滞后项；Wz_{it} 为控制变量的空间滞后性；μ_i 为个体固定效应；λ_i 为年份固定效应；ε_{it} 为随机扰动项；β_0、β_1、β_2 分别为常数项、数字经济的估计系数以及控制变量的估计系数；ρ 为公共服务效率的空间相关性。

在空间计量模型中，由于空间滞后项的存在，回归系数不再直接反映解释变量的边际影响，需要通过偏微分矩阵方法将其空间关联性考虑在内，借鉴Anselin 等[②]、Elhorst[③] 的研究，本书通过偏微分矩阵方法将公共服务效率的效应进行分解，进一步捕捉其本地直接效应与空间溢出效应。

二、空间计量模型校验

在进行空间效应分析之前，需要对空间计量模型的一些情况进行假设检验，

① LeSage J，Pace R K. Introduction to spatial econometrics [M]. Chapman and Hall/CRC, 2009.

② Anselin L，Bera A K. Introduction to spatial econometrics [J]. Handbook of Applied Economic Statistics，1998，237（5）.

③ Elhorst J P. Matlab software for spatial panels [J]. International Regional Science Review, 2014, 37（3）：389-405.

得到最终的空间计量模型（见表6-2）。测度结果显示：LM 检验结果均在 1% 的水平上通过了显著性检验，说明空间计量模型比采用普通 OLS 回归更有效；LR、Wald 检验均在 1% 的显著性水平上通过了检验，表明空间杜宾模型不会退化为空间滞后或空间误差模型，即选择空间杜宾模型进行回归估计为最优；Hausman 检验结果说明模型中选择固定效应更为有效。最后，在固定效应中由于双固定效应下的各指标系数值最好且其拟合优度最佳，最终选择双固定效应的空间杜宾模型来分析数字经济对公共服务效率的空间溢出效应。

表6-2　空间计量模型的检验结果

检验	Hausman	LM-lag	Robust LM-lag	LM-error	Robust LM-error
检验值	48.10***	31.678***	64.702***	96.259***	125.457***
检验	LR-lag	LR-error	Wald-lag	Wald-error	
检验值	37.65***	38.06***	38.78***	37.95***	

注：***表示1%的显著性水平。

资料来源：主要来源于《中国统计年鉴》、企研·数字经济产业专题库、国家统计局等。

三、空间溢出效应结果分析

表6-3 给出了基于时空双固定的空间杜宾模型的回归结果。结果显示：公共服务效率的空间溢出效应系数值 ρ 为 0.155，并且在 10% 的显著性水平上通过了检验，说明公共服务效率具有正向的空间溢出效应，本地区公共服务效率的发展能有效提升其邻近地区公共服务效率的发展。数字经济的主效应系数为正，在 5% 的显著性水平上通过了检验，其空间交互项也为正，且在 10% 的显著性水平上通过了检验。

表6-3　空间杜宾模型回归结果

变量	估计结果	变量	估计结果
cou	0.350** (2.16)	$W \cdot cou$	0.114* (0.39)
$\ln urb$	-0.008*** (-4.01)	$W \cdot \ln urb$	-0.006 (-1.30)
$\ln eco$	-0.000*** (-3.10)	$W \cdot \ln eco$	-0.000*** (-4.21)

变量	估计结果	变量	估计结果
ln*stru*	−0.086 (−0.97)	$W \cdot$ ln*stru*	0.129 (0.73)
ln*tec*	0.000 (1.53)	$W \cdot$ ln*tec*	0.001* (1.94)
ln*fin*	−0.263** (−2.21)	$W \cdot$ ln*fin*	0.890*** (3.95)
R^2	0.0120	ρ	0.155* (1.75)
Log-likelihood	604.1944		

注：＊＊＊、＊＊、＊分别表示1%、5%、10%的显著性水平；括号内为标准误。

资料来源：《中国统计年鉴》、企研·数字经济产业专题库、国家统计局等。

由于空间效应分析中包括空间反馈效应的存在，其主效应系数以及空间交互项的系数并不能全面反映变量之间的影响关系，需要借助偏微分方法将空间效应分解为直接效应、间接效应以及总效应来进行分析。空间效应的分解结果如表6-4所示。

表6-4　空间杜宾模型效应分解估计结果

变量	直接效应	间接效应	总效应
cou	0.362** (2.15)	0.149* (0.56)	0.213* (0.76)
ln*urb*	−0.008*** (−3.98)	−0.005 (−1.11)	−0.013*** (−3.16)
ln*eco*	−0.000*** (−2.97)	−0.000*** (−3.87)	−0.000*** (−5.49)
ln*stru*	−0.092 (−1.03)	0.138 (0.87)	0.045 (0.27)
ln*tec*	0.000 (1.42)	0.001* (1.79)	0.001** (2.37)
ln*fin*	−0.289** (−2.43)	0.842*** (3.93)	0.553** (2.49)
Observations	310	310	310
R^2	0.120	0.120	0.120

注：＊＊＊、＊＊、＊分别表示1%、5%、10%的显著性水平；括号内为标准误。

资料来源：主要来源于《中国统计年鉴》、企研·数字经济产业专题库、国家统计局等。

数字经济对公共服务效率的提升具有积极影响，且在空间上表现出显著的正向溢出特征。基于偏微分方法对 SDM 模型溢出效应进行分解后发现，数字经济对公共服务效率可以分解为直接效应和间接效应两个部分：直接效应即本地效应，表示一个地区的自变量变化对本区域因变量产生的影响，也就是数字经济发展对本地区公共服务效率的影响；间接效应即空间溢出效应，表示一个地区的自变量变化对其他区域因变量产生的影响，也就是数字经济发展对邻近地区公共服务效率的影响。具体来看：直接效应下的数字经济发展系数为 0.362，在 5% 的水平上显著；间接效应下的数字经济发展系数为 0.149，在 10% 的水平上显著。可见，数字经济对公共服务效率的直接效应和间接溢出效应表现同样积极，即数字经济在提升本地区公共服务效率的同时，也会对邻近地区公共服务效率的提升产生正向辐射。由此可以看出，数字经济的发展不仅需要强化自身技术水平与创新能力，而且需要区域合作、统筹发展，如此才能更好地发挥其对公共服务效率提升的促进作用。原因可能在于：一方面，数字经济作为一种全新的经济发展模式，其本身具有跨时空的特性，有利于跨地区的合作与分工，很可能对周边地区经济社会发展产生外部性，即通过空间溢出效应影响周边地区的发展；另一方面，公共服务效率的全方位提升离不开多个空间区域的相互协同与交流互动，强调府际协作供给机制的完善以及跨区域长效协作机制的建立，打造精准与高效的政策网络，以此提升区域治理的现代化水平，切实保障区域均衡。

从各控制变量的影响系数来看：城镇化水平的直接效应和总效应显著为负，间接效应为负但不显著，说明城镇化水平对本地区以及邻近地区公共服务效率均存在抑制作用，且对地区公共服务效率提升的抑制作用更加突出；经济发展水平的直接效应、中介效应和总效应均显著为负，说明经济发展水平对本地区以及邻近地区公共服务效率均存在较为显著的抑制作用；产业结构优化的直接效应为负，间接效应和总效应为正但均不显著，说明产业结构优化对本地区公共服务效率提升存在抑制作用，产业结构优化对邻近地区公共服务效率的提升产生促进作用；技术创新的直接效应为正但不显著，间接效应和总效应显著为正，说明技术创新对本地区及邻近地区公共服务效率提升均产生促进作用，但对邻近地区的促进作用更为显著；固定资产投资的直接效应显著为负，间接效应和总效应显著为正，说明固定资产投资对本地区的公共服务效率提升产生明显的抑制作用，对邻近地区的公共服务效率提升产生积极的促进作用。

为验证上述实证结果的稳健性，采用地理距离权重矩阵对上述结果继续进行最大似然估计，得到的稳健性检验结果见表 6-5。根据测度结果显示，各变量尤其是解释变量数字经济的系数值除大小存在细微差别外，其符号和显著性情况基本保持一致，可以证明结果的稳健性。

表 6-5　稳健性检验

变量	直接效应	间接效应	总效应
cou	0.563 *** (3.46)	0.026 * (0.08)	0.589 * (1.75)
lnurb	−0.008 *** (−4.38)	−0.012 *** (−3.33)	−0.020 *** (−5.05)
lneco	−0.000 * (−1.83)	−0.000 (−1.03)	−0.000 * (−1.69)
lnstru	−0.097 (−1.14)	−0.238 (−1.02)	−0.335 (−1.38)
lntec	0.000 (1.06)	0.002 * (1.69)	0.002 * (1.88)
lnfin	−0.348 *** (−2.94)	0.566 (1.47)	0.218 (0.56)
Observations	310	310	310
R^2	0.120	0.120	0.120

注：＊＊＊、＊分别表示在1%、10%的显著性水平；括号内为标准误。

资料来源：主要来源于《中国统计年鉴》、企研·数字经济产业专题库、国家统计局等。

本章小结

本章在进行数字经济对公共服务效率影响的直接效应、中介效应和门槛效应分析的基础上，旨在进一步揭示数字经济影响公共服务效率的空间异质性。首先，构建空间权重矩阵；其次，运用全局空间自相关和局部空间自相关检验方法，检验数字经济与公共服务效率的全局空间自相关和局部空间自相关的特征；最后，通过构建科学合理的空间面板模型，对空间计量检验和空间溢出效应结果进行分析。

第七章 数字经济促进公共服务效率提升的实现路径

第一节 数字经济促进公共服务效率提升的基本原则

一、以人为本原则

公共服务是以人民群众实际需求为导向、以人民群众利益为根本出发点和落脚点的服务，旨在满足人民群众的生活、生存和发展的直接需求，体现全心全意为人民服务的根本宗旨。伴随人民群众生产与生活需求日益多元化、个性化、差异化，通过数字经济驱动公共服务效率提升，能够有效解决民生保障这一最直接和最现实的问题，真正践行以人为核心的新型城镇化发展理念，让每个人都能感受到生活的美好，让城市建设真正有质量、有温度、有高度。

二、供需均衡原则

党的二十大报告提出，要健全公共服务体系，提高公共服务水平，增强公共服务的均衡性与可及性。公共服务的供需均衡由公共服务的发展规律决定，是社会经济发展到一定阶段所必须直面的问题。推动公共服务供需均衡是贯彻新发展理念、把握新发展阶段、构建新发展格局的必然要求。在这一背景下，构建数字公共服务供需均衡体系、发挥公共服务的调节贫富差距作用、修补不平等地位、扩大群体共享方式，有利于形成全社会服务化模式以及促进经济社会高质量发展。

三、创新发展原则

数字经济赋能公共服务效率要求在思想上实现创新求变，在硬件上实现科技支撑，通过引入"互联网+公共服务"模式，打破信息壁垒，加快数字社会与数字政府建设，推进公共服务各个领域数字化优化升级，推动公共服务资源的数字化供给与网络化服务，完善政务服务平台功能，提升政务服务数字化、智能化、网络化与多元化发展水平，加快公共服务设施升级和公共服务模式创新，以此打造智慧共享、公平普惠的数字化服务体系，促进文化教育、医疗健康、体育健身等领域优质资源的共享和复用。

四、差异发展原则

数字经济驱动公共服务效率的提升应当遵循差异发展原则，满足民众的差异化需求，这就要求精准把握全体居民差异化的数字公共服务需求信息，持续推动覆盖全民全生命周期的数字公共服务改革。通过设定公共服务供给场景，提高差异化供给能力，同时持续推动差异化便民服务与应用场景的精准对接、有机耦合，不断提高公共服务智能化水平。此外，数字经济驱动公共服务效率的提升还应充分考虑区域之间的差异，基于各区域经济发展水平和数字化基础等，有针对性地分别选择发展策略。

五、协同共享原则

公共服务效率的全方位提升要求政府、企业、民众、社会组织等多元主体共同参与、优势互补，并聚焦人的全生命周期，形成具有开放性与整体性的公共服务供给体系，最终实现公共服务的全社会优质共享。数字经济的发展又为多元主体参与公共服务效率提升提供了机会和可能，推动社会力量在共同生产过程中发挥重要作用；并通过协同提高整体效率，形成共建共享、协同发力的公共服务发展新格局，有效提升人民群众追求美好生活的能力，进而推动社会均衡发展。

六、循序渐进原则

数字经济与公共服务效率的深度融合是一个时代发展命题，同时也是数字中国建设需要关注的重点领域。在数字经济影响下公共服务效率的全方位提升既需要政府、市场、社会组织等多元主体的共同努力，也需要技术、资金、平台、制度等多种要素的综合支撑，还需要省级、市级、区级等空间区域的协调联动，是一个较为复杂的系统工程，需要久久为功、循序渐进，切实将民生短板补到位，持续提升人民群众的获得感、安全感和幸福感，不能一蹴而就。

第二节　数字经济促进公共服务效率提升的实现路径

一、强化数字公共服务要素支撑

（一）完善数字基础设施建设

数字基础设施是数字经济发展和数字中国建设的基础，在支撑各行业数字化、智能化、网络化发展，助力中国式现代化方面发挥着重要作用。近年来，中国各地区不断加强数字基础设施建设与布局，统筹推进网络基础设施、应用基础设施和算力基础设施等，大力推进数字基础设施的体系化发展与规模化部署，并取得显著成效，为经济社会高质量发展注入了强大动力。《数字中国建设整体布局规划》明确提出，要打通数字基础设施大动脉，对算力基础设施、网络基础设施和应用基础设施等进行布局，为系统推进中国数字基础设施建设奠定基础。

目前，数字基础设施正全面融入公共服务领域，显著提升了数字公共服务的均衡性与可及性。未来，应当基于物联网等一系列数字技术的智能化改造，继续深入贯彻落实数字产业化、产业数字化、数据价值化以及治理服务数字化发展导向，遵循需求牵引和适度超前的原则，在政策、资金等方面对数字基础设施建设给予足够支持和资助，加大对宽带网络、5G 基站、无线光缆等信息通信基础设施的投资，加强大数据、人工智能、云计算等公共服务数字化智慧平台建设，促进公共服务信息数据的资源开放和互联互通，强化宽带中国与智慧城市的规划建设，加快构建智能敏捷、高速泛在、智慧便民、算网融合的数字基础设施，持续提升数字经济发展的软硬件基础设施水平。关于公共服务数字基础设施的主要政策如表 7-1 所示。

表 7-1　关于公共服务数字基础设施的主要政策

发布时间	文件名称	关于公共服务的内容描述
2021 年 3 月 31 日	《浙江省数字基础设施发展"十四五"规划》	建设高性能的云计算公共服务平台，完善浙江省政务"一朵云"建设；建设基于北斗的城市时空智能操作系统，打造高效精准的时空智能服务平台，支撑公共服务等多元需求；根据交通、医疗、文旅、安防等重点场景的应用需求，建设物联网公共服务平台；推动城市服务终端向多功能的融合终端发展，满足广大群众就近办理公共服务业务的需求
2021 年 8 月 10 日	《江苏省"十四五"新型基础设施建设规划》	推动公共服务平台项目建设，推动基于云计算的 BaaS 公共服务平台部署，构建政务区块链基础设施框架；支持东南大学等建设国家级的区域一体化工业互联网公共服务平台；支持建设国家级的智能网联汽车数据交互和综合应用的公共服务平台；鼓励沿海城市建设智慧海洋协同创新的公共服务平台；持续推进江苏省知识产权公共服务平台建设
2022 年 4 月 27 日	《云南省"十四五"新型基础设施建设规划》	坚持"建用并举"和"以用促建"，加快完善"产品库+公共服务+营销渠道"的"一部手机云品荟"供应链服务平台；加快建设安全的、可拓展的区块链测试认证、开发部署等公共服务能力，降低开发运营成本，促进区块链应用的快速上线
2022 年 10 月 14 日	《贵州省新型基础设施建设三年行动方案（2022—2024 年）》	建设新技术基础设施和城市数字基础设施，支持各市建设区块链公共服务平台；推进公共服务设施的智能化改造与物联网应用；加快智能充电设施建设，加强公共服务区等重点区域的智能充电基础设施建设；发展壮大贵州"工业云"公共服务平台；整合融通各级各类教育公共服务平台，建设省级数字教育公共服务体系和健康医疗大数据西部中心等
2023 年 11 月 14 日	《山东省数字基础设施建设行动方案（2024—2025 年）》	持续优化充电基础设施信息公共服务平台；打造智能敏捷的物联网体系，力争到 2025 年建成 5 个左右全国领先的物联网公共服务平台，形成"按需随选、万物互联"的山东半岛一体化基础设施感知网络；加快建设集应急指挥、综合监管、公共服务等功能于一体的港航综合信息服务平台，以此全面提升内河港航数字化管理效能

资料来源：根据各省份人民政府、发展和改革委员会等官方网站上的信息整理而成。

（二）加强数字公共服务人才引育

党的二十大报告明确提出，必须要坚持人才是第一资源。大数据人才是数字公共服务与数字经济高质量发展的关键因素。目前，中国大数据领域人才短板问题日渐凸显，一方面，要加大数字公共服务人才引进工作，通过完善大数据人才在住房、教育、医疗等方面的政策福利，激发他们的工作活力和积极性，加强数字化意识强、技术知识丰富的数字化人才引进，吸引更多拥有高超操作能力和业务能力的综合型大数据人才参与到公共服务数字化转型工作中，不断优化数字公共服务人才队伍结构。另一方面，制订数字公共服务人才素养和技能培养计划，开设大数据科学领域的相关课程，加强对公共服务数字化践行者技能与知识的培训，实施数字化技术人才的培育提升工程，培养出一批数字化管理人才，扩大新兴数字化技术的覆盖面，增强参与数字公共服务行动的意识与能力，为公共服务高质量发展提供人才支撑。

二、推进数字公共服务均等共享

（一）树立价值共创理念

价值共创由普拉哈立德与拉玛斯瓦米在《自由竞争的未来：从用户参与价值共创到企业核心竞争力的跃迁》一书中正式提出，是以个体为中心、由消费者和企业共同创造价值的理论，成为管理学领域和服务营销领域的重要研究议题。数字公共服务领域的价值共创是数字公共服务系统多元参与主体积极互动与有效整合资源并实现价值创造的过程，要求通过合适的方法以及科学的运行框架加以落地；换言之，应当对公共价值的创造过程进行有效管理。根据数字经济建设的要求以及以人民为中心的思想，聚焦推动人的全生命周期优质共享，通过政府、企业、社会与自治组织、群众等多元主体的高效合作，依托数字经济推动公共服务方式便捷智慧、覆盖公平普惠、供需精准匹配，科学设定使命目标，整合数字公共服务需求，提高项目实施和运作能力，优化服务效果绩效的评估系统，推动数字公共服务实现全社会优质共享，增强人民群众追求美好生活的能力。同时，动态调整和优化数字公共服务的需求识别与生产供给模式，推动数字公共服务价值共创，不断实现提质增效。

（二）加强顶层战略设计

加强数字公共服务均等共享的顶层战略设计既符合国家战略需求，也能为进一步弥合和应对数字鸿沟问题提供顶层指导。一方面，着力完善战略设计。对现阶段数字公共服务均等共享的现状与数字鸿沟问题开展充分的调研和分析，并从其他国家和地区的战略设计中汲取经验，进而对数字公共服务面临的问题出台应对措施，为顶层战略设计提供科学而可靠的决策依据。另一方面，制定数字公共服务均等共享的法律和政策细则。从顶层设计出发，对现有法律法规与政策进行完善、细化和优化，同时根据实际需求对相关法律法规和政策进行修订。同时，针对数字公共服务均等共享过程中出现的新问题和新情况，尤其是产生的数字鸿沟问题，应当加快制定专门的法律法规，以此为提高数字公共服务普惠共享提供法律和政策保障。此外，要采取差异化发展策略，充分考虑区域经济发展、创新投入等诸多因素，实施满足本区域发展实际需要的政策；在此基础上，以省域或城市群为单位，建立跨区域的数字公共服务共建共享委员会，协同研究数字公共服务合作事项，加强区域之间的交流合作，缩小数字鸿沟，通过实现数字公共服务的区域协调均衡，推进经济社会高质量发展。

（三）优化服务供给结构

强化数字公共服务供给的跨地域和跨部门联结，推动数字公共服务供给由碎片化向整体化转型，进一步实现数字公共服务供给结构的全面优化。一方面，优化跨区域数字公共服务的协同供给结构。做好统筹规划，加快出台整体法律法规，统筹跨区域数据流动规制方向，进一步完善跨区域数字服务体系。推动共同编制数字公共服务系列规划以及数据流动的具体规则，优化跨区域数据保护协议和技术连接等。强化跨区域数字基础设施分工协作与协调布局的同时，着力打造跨区域数字公共服务的创新策源地和多元应用场景。另一方面，构筑跨部门数字公共服务的数据共享格局。整合具有公共服务职能的相关主体单元，通过对公共服务数据进行系统集成，打破职能部门之间的数据割裂局面，进一步整合教育、医疗、养老等公共服务部门数据信息，并对公共服务数据的收集、分析和处理等给予融通互认，以此实现公共服务数据的同源共享，推进"条线职能部门"运行方式向网络协同转变。

三、实现数字公共服务多元协同

（一）推进数字公共服务主体协同

数字公共服务的高质量发展不仅需要多元治理主体的协同合作，也需要全体人民的积极回应和有效参与。数字共享技术的发展使各级政府、不同部门、不同企业之间实现数据融合、业务协同，也使加速多元主体的互动、互联、互补成为可能，以此形成功能互补、机制互联和结构互动的格局。

一方面，政府、企业和高等院校等要通力合作，打造数字化共同体。数字公共服务的高质量发展不仅需要地方政府的政策和规划，也离不开企业部门的技术支撑。加快政府职能由"主导者"向"引导者"转变，充分发挥政府的引导和带动作用。另外，地方政府与高等院校和科研机构等的密切合作也成为数字公服务发展的共同选择，通过共同打造数字化人才培训培育共同体，助力数字公共服务的高效运转。

另一方面，通过科学设计服务标准和服务项目，鼓励全员参与，激发全体人民参与数字公共服务的积极性，为数字公共服务奠定民意基石。数字经济嵌入公共服务应当彰显出温度和情感，通过数字化激发全民参与公共服务的热情，能够提升数字公共服务的推广价值，实现政府与民众的高质量互动，并以此推动数字技术真正迈向数字治理。另外，畅通市场主体、民间组织与个人在数字公共服务供给中的进入机制和退出机制，保障多元主体的权利义务与合法权益，保护多元主体参与数字公共服务供给的热情。

（二）推进数字公共服务要素协同

推进数字公共服务要素协同即强调资金、技术、平台、制度、人员等多种要素的融合共生与优化统筹，推动将传统碎片化服务转化为优质系统性服务。基于此，需要侧重教育、社保、医疗、文体、环保、养老等服务的协同性供给以及公共服务综合效率、纯技术效率和规模效率的全面提升。

首先，构建数字公共服务的要素互动关联机制。完善数字公共服务标准体系，做好数字公共服务供给要素的统一规划、统一供给和统一管理，深入分析要素之间的互动关联逻辑，推动供给要素的双向互动和优化配置，加快补齐数字公共服务的短板。坚持协同高效与系统集成，统筹推进教育、社保、养老、医疗等民生领域惠民工程，进一步提高资源配置效率。其次，充分利用大数据、云计算、区块链、人工智能等新技术手段，进一步优化和打造"互联网+"共享平台，打造数字生态共同体，加强教育公共服务、医保卫生服务、数字养老服务等共享平台的信息化建设，构建数字公共服务体系，强调数据共享和整合服务，完善智慧服务与智慧管理模式，强调线上与线下要素相融合，为打造多元、智慧、快捷的数字公共服务新业态提速加码。

（三）推进数字公共服务区域协同

推动数字公共服务实现城乡融合发展。统筹推动智慧城市建设和数字乡村建设，运用数字化手段提升城乡公共服务水平，系统优化城乡地区公共服务供给，逐渐缩小城乡公共服务差距。重点加快城市智能设施向乡村地区延伸覆盖，完善乡村信息化服务供给，加快5G网络和宽带网络等的覆盖步伐，为乡村地区数字教育和智能生活等提供基础条件。大力支持"数字城乡融合发展"的试点示范建设，合理配置公共资源，推动城乡要素的双向自由流动，形成以城带乡、城乡共建共享的数字乡村融合发展的新格局。

推动数字赋能城市群地区公共服务实现共建共享。即以国家战略部署为导向，运用信息化手段全力推进区域公共服务一体化进程，制定发展目标，促进城市群中大中小城市之间稳定发展、互利共赢、高效配合。综合考量城市群各城市政府之间和行业之间的公共服务资源协同情况，着力突破行政区域限制，打破地区封锁与市场垄断，依托城市群数据基座，打通上层综合运营指挥中心与下层各城市和各行业的信息通道，承接民生服务等方面的数字化场景，满足跨区域和跨行业的信息共享与业务协同。聚焦民生公共服务领域，开展交通数字化、政务数字化、文旅数字化、智慧社区、环保数字化等应用建设，打造各具特色的公共服务数字化城市，通过试点和示范带动城市群数字化转型工作。另外，还要从管理协调、标准规范、利益共享、人才保障等多个方面营造发展环境，营造相对完善的协调统筹保障体系。

第三节　数字经济促进公共服务效率提升的保障对策

一、完善数字公共服务建设机制

（一）投融资机制

在数字经济发展背景下，伴随公共服务需求的大幅上升，需要大量资金投入。面对经济中高速增长阶段的现实约束，应当寻求投融资工具创新和投融资机制改革等方面的突破。因此，要转变筹资模式，拓宽融资渠道，鼓励多元主体参与数字公共服务建设。深入研究数字经济赋能如何推动与优化中央和地方政府事权划分，推动数字财政建设政策体系，推动数字技术在政策体系方面的深入应用，进一步深化数字财政。同时，建立数字公共服务投融资法律框架，完善基础性法律法规，建立各项专业性的法律法规，完善数字公共服务产品市场化经营的相关规定，以保证投融资活动的有效运行。

（二）精准供给机制

进入数字经济时代，公共服务效率提升需要适应一些新的挑战和机遇，重在满足人民群众不断丰富的多样化与个性化需要，因此需要构建数字公共服务的精准供给机制。数字公共服务供给的精准高效，是数字公共服务高质量发展的重要标志和内在要求，其核心在于精准，即借助大数据技术，利用数据挖掘和机器学习等方法，通过实时收集与分析用户数据，充分了解群众的真实需求与偏好，以此为运营管理提供相对准确的信息。

为真正做到数字公共服务的精准供给，应当建立一套较为完整的制度体系。首先，构建完善的数据收集与分析体系，包括多渠道收集用户数据、构建数据分析模型并定期开展数据挖掘与分析，实时了解用户需求以及市场变化。其次，搭建智能化的服务平台，并完善平台用户管理功能、服务推荐功能和数据分析等的功能，依据效果评估不断优化平台服务内容与质量。最后，建立反馈机制。通过鼓励用户提出反馈建议，为相关服务的改进提供依据。

在数字公共服务精准供给实施过程中，首先，必须要明确精准供给的目标与定位，制定一系列战略规划，保证数据的准确性、完整性和及时性。其次，通过大数据分析确定用户的实际需求和偏好，为服务内容和服务方式提供依据。最后，通过完善改进服务供给机制，根据市场变化和用户反馈不断进行调整和完善。

（三）数据共享机制

大数据资源的产权模糊性导致其出现碎片化与外部性，数据的产权与归属是数据价值能否实现的关键。在数字化时代，每个社会个体均是数据信息的生产者、传播者、消费者，因此关于这一社会问题的解决必须面向公众开放、参与、协商。首先，应建立一套既高效运转又保障数据安全的数据共享机制，保证数据共享和交换过程中权责利一致，明确数据来源、使用和共享交换三方的权利与义务。其次，加快建立大数据交易市场，完善数据资源与数据资产的政策法规体系，进一步明确数据所有者、使用者、管理者的权责利关系，在充分保护个人隐私的前提下进行数据交易，以此激发不同利益相关者的参与积极性，促使他们更加有兴趣运用大数据来提供个性化增值服务，最终通过数据信息资源在政府、社会、市场、公民之间的畅通，实现数字经济推动国家治理体系与治理能力的现代化。

二、推动数字公共服务标准制定

（一）完善公共服务数据标准规范

伴随数字技术在生产生活领域的广泛渗透与深度融合，人们的一举一动均被数据记录，数据的收集与利用有助于发现人们的需求偏好、经济发展和社会治理规律，为制定相关政策提供科学依据。完善公共服务数据标准规范，制定与健全公共服务数据标准体系，为不同数据主体提供统一的规范参考，是数据收集、数据共享、数据分析和数据应用的重要前提，也是充分发挥公共服务数据价值潜力的关键。就数字化驱动公共服务高质量发展而言，中国在公共服务数据标准规范方面仍不健全。为此，需要针对教育服务、医疗服务、住房服务、政务服务、养老服务等不同方面，鼓励相关政府部门、行业组织、企业、专家学者等相关主体，积极参与公共服务数据的标准规范制定，开展公共服务领域数据标准规范试点工作，健全数据标准符合性测评体系，并加快数据标准规范的推广和应用。

（二）制定符合民众需求的标准

从国家层面看，政府、企业、社会组织等相关部门要利用大数据技术收集公共服务资源和公众对于公共服务的需求数据，同时借助算法对需求数据进行分析。依托《国家基本公共服务标准（2023 年版）》，各地区按照系统完善、科学适用、衔接配套、层次分明的要求，完善数字驱动公共服务的标准，并将国家层面的公共服务标准作为底线参考，确立整体性思维和系统观念，从人民群众最为关心的公共服务诉求出发，将人民心中的急事难事愁事、城乡公共服务均衡、弱势群体基本生活保障作为制定相关标准的重要参考因素，将民生基本需要的解决以及公共服务短板的补齐作为数字公共服务标准制定的出发点和落脚点。运用标准化原理和方法，通过标准化创新推动民生工作，打造形成公共服务的"阳光普惠共同体"，形成公共服务均等化、便捷化、普惠化的特色标准体系。

三、加强数据信息资源安全建设

数据信息资源是数字经济发展的主要生产要素，在数据信息资源开放共享和流动过程中，也带来更加复杂的数据安全、数据滥用、数据泄露风险等问题。另外，这些新的数据信息资源并不在传统监管范围之内，现有法律法规难以对其进行有效监管，在提升公共服务效率的同时，在一定程度上会泄露市民隐私信息和政府保密信息，产生公共信息安全风险，甚至面临平台无序扩张、网络舆情管理失控、人工智能伦理等问题，这给政府公共服务提出新的更高的要求。党的二十大报告指出，应全面加强数据安全和网络安全保护工作，对其安全保障体系作出重大决策部署，以此保障居民隐私权与信息安全，提升居民使用数字公共服务相关平台的安全感，促进数字经济健康发展。

（一）建立安全标准和法律法规

建立公共数据安全领域的相关标准，同时设立公共数据安全管理机构，明确公共数据安全责任人及数据管理员、数据安全审计等岗位职责，加强公共数据的分级保护，为公共数据的安全标准进行统一指导，保障数据安全管理工作的顺利开展。依托《中华人民共和国数据安全法》和《中华人民共和国网络安全法》等与数据安全相关的法律法规，从法律法规层面保护个人与组织等的数据安全及合法权益，防止数据违法与违规行为的发生，使信息安全保障工作成为公共管理部门的重要责任，通过建立专业化、职业化的数字公共服务安全保障人才队伍，对数字公共服务安全问题进行专业管理。

（二）加强数据信息资源安全管理

伴随电子政务迅速发展，政务信息系统数据安全管理成为政务信息化工作必须面对的问题。因此，要围绕安全保障、安全运营管理和安全责任主体的实际需求，实现公共数据的安全管理。这就要求完善公共服务数据信息资源安全管理策略，明确规定政府工作人员和服务商的数据管理权限，如用户角色与权限设置、密钥、口令、数据库备份、操作日志、后台数据库密码等均由政府工作人员进行管理。对业务数据开展分级，其中涉密与核心数据由政府工作人员进行管理操作，无保密要求、日常事务性且有一定专业要求的数据操作由服务商进行管理、操作。政府部门和服务商应设置专门的系统数据管理人员，并规范岗位管理制度，落实岗位责任职责。完善灾难备份体系，并定期备份数据且异地保存。定期进行应急演练和安全巡视，建立系统安全管理应急预案和系统安全巡视制度。

本章小结

本章从数字经济促进公共服务效率提升的基本原则、实现路径和保障对策三个方面进行阐述，其中以人为本、供需均衡、创新发展、差异发展、协同共享和循序渐进是数字经济促进公共服务效率提升的基本原则；强化数字公共服务要素支撑、推进数字公共服务均等共享、实现数字公共服务多元协同是数字经济促进公共服务效率提升的实现路径；完善数字公共服务建设机制、推动数字公共服务标准制定、加强数据信息资源安全建设是数字经济促进公共服务效率提升的保障对策。

第八章 结论与展望

一、主要研究结论

本书以2013—2022年为研究时段，以中国31个省份为研究区域，在系统阐释数字经济与公共服务效率理论基础以及数字经济与公共服务效率实践探索的基础上，构建数字经济与公共服务效率评价指标体系，进而运用熵值法和数据包络分析模型分别测算中国各省份数字经济与公共服务效率得分，分析其时空演变特征，运用基准回归模型和面板门槛模型分析数字经济影响公共服务效率的直接效应，运用中介效应模型分析数字经济影响公共服务效率的技术创新和公共支出中介效应，运用空间自相关检验方法和空间面板模型分析数字经济影响公共服务效率的空间效应，最后提出数字经济促进公共服务效率的实现路径和保障对策。

第一，2013—2022年，中国数字经济发展水平整体呈现递增态势，数字经济平均值由2013年的0.3147增至2022年的0.3389，但中国数字经济发展速度相对较慢，年均增速仅为0.74%。中国三大经济地带的数字经济发展水平呈现"东部>中部>西部"的空间分布特征，数字经济平均值分别为0.4641、0.2756和0.2359。中国31个省份的数字经济发展水平差异较为显著。

第二，2013—2022年，中国公共服务综合效率整体呈现递增态势，平均值由2013年的0.9644增至2022年的0.9916，年均增长0.28%，三大经济地带公共服务综合效率整体呈现"东部>西部>中部"的分布特征，公共服务综合效率平均值分别为0.9850、0.9832和0.9628，31个省份公共服务综合效率相对较高，其中，20个省份公共服务综合效率得分超过全国平均值，山西省公共服务综合效率最低。中国公共服务纯技术效率整体呈现递增态势，平均值由2013年的0.9820增至2022年的0.9930，三大经济地带公共服务纯技术效率总体呈现"东部>西部>中部"的分布特征，公共服务纯技术效率平均值分别为0.9922、0.9854和0.9834，31个省份公共服务纯技术效率有效的省份数量为17个，低于公共服务综合效率有效的省份数量。中国公共服务规模效率整体呈现递增态势，平均值由 2013 年的 0.9820 增至 2022 年的 0.9990，年均增长率为 0.17%，三大经济地带公共服务规模效率总体呈现"西部>东部>中部"的分布特征，公共服务规模效率平均值分别为 0.9977、0.9926、0.9844，31 个省份公共服务规模效率有效的省份数量为 12 个，且呈现规模报酬不变的状态。

第三，从数字经济对公共服务效率影响的直接效应来看，核心解释变量数字经济对公共服务效率的推动作用明显，变量估计系数为 0.359，且在 5% 水平上显著。在控制变量方面，仅有政府行政能力变量在 10% 水平上显著为正，可见其对公共服务效率的正向驱动作用明显；城镇化水平、人口规模、财政自给能力和产业结构升级四个控制变量对公共服务效率产生负向影响，因此有必要进一步提升城镇化发展质量，提升人口素质，实施 PPP 多元供给机制，推动产业结构的合理化与高级化等；此外，数字经济发展对东部地区公共服务效率的促进作用更大。从数字经济对公共服务效率影响的中介效应来看，技术创新的中介效应显著存在，说明数字经济可以通过提升技术创新水平来改善公共服务效率；公共支出的系数也显著为正，说明数字经济的发展可以通过扩大公共支出、提升财政透明度以及降低财政压力等来改善公共服务效率。从数字经济对公共服务效率影响的门槛效应来看，数字经济对公共服务效率的影响存在基于经济发展水平的双重门槛效应，且伴随经济发展水平的提高，数字经济对公共服务效率的促进作用不断增强。

第四，从数字经济对公共服务效率影响的空间效应来看，数字经济与公共服务效率在研究期内均为正值且通过了 10% 水平上的显著性检验，说明其存在一定的空间关联特征，且空间关联性表现得比较平稳。中国绝大多数省份数字经济与公共服务效率均表现出高—高集聚或低—低集聚的特征，即同向集聚效应占据主导地位。进而运用双固定效应的空间杜宾模型分析数字经济对公共服务效率的空间溢出效应，结果发现，公共服务效率具有正向空间溢出效应，本地区公共服务效率发展能够有效促进邻近地区公共服务效率的发展。数字经济对公共服务效率的提升具有积极影响且在空间上表现出显著的正向溢出特征。数字经济对公共服务效率的直接、间接溢出效应同样表现积极，即数字经济在优化本地区公共服务效率的同时也会对邻近地区公共服务效率的改善产生正向辐射作用，且区域之间的溢出强度要大于区域内部发展的直接溢出效应，由此折射出数字经济发展亦需要区域合作、统筹发展，如此才能发挥其对公共服务效率的提升效应。

二、研究不足与未来展望

根据已有研究可知，数字经济对公共服务效率的影响问题涉及多种资源要素、多方利益主体和多个空间区域，是一个相对复杂的系统工程，全面推进新时代背景下的公共服务数字化进程，满足人民群众更加多元、独具个性的需求，推进实现中国式现代化进程更是一个漫长的历史过程，因此需要循序渐进。本书以中国 31 个省份为案例地，基于数字经济与公共服务效率的理论基础和实践探索，在对中国数字经济与公共服务效率进行测度分析的基础上，探讨数字经济对公共服务效率影响的直接效应、中介效应、门槛效应、空间效应，进而提出的数字经济促进公共服务效率提升的实现路径与保障对策等系列研究成果是较为初步的，今后将在尺度选取、指标选择、方法使用和策略分析等方面进行更加深入的探索和研究。

第一，理论体系需要进一步深化与拓展。本书按照"理论基础—实践探索—综合测度—影响效应—实现路径"的研究范式，初步构建数字经济对公共服务效率影响的理论框架体系，具有较强的参考价值。然而，公共文化服务数字化作为一个较为复杂的系统性问题，涉及管理学、经济学、计算机科学、社会学等多个学科领域，研究难度相对较大，今后应当对数字经济赋能公共服务效率提升的理论框架体系开展更为系统、深入的总结，进一步深化和拓展其理论研究内容。

第二，区域尺度需要进一步深入与拓展。本书以中国 31 个省份为案例地，关注数字经济对公共服务效率的影响效应与实现路径的研究是较为笼统的。考虑到不同空间区域数字经济与公共服务效率的特征存在显著差异，未来应当针对公共服务高满意度地区以及数字化典型城市等开展更加客观具体的研究；同时还要针对不同类型地区开展全方位的比较研究，完善实证研究体系。

第三，数据模型需要进一步完善与丰富。本书更多的是依托统计年鉴数据以及传统的计量模型对数字经济与公共服务效率进行测度分析、效应分析等，基本遵循了传统的影响驱动研究思路。未来在坚持理论分析与实践探索相结合的基础上，应加大实地调研和座谈交流，深入了解公共服务数字化的实际工作进展，以便获取一手资料，并最大限度地运用 Python 等大数据载体，更加真实有效地探寻数字经济与公共服务效率的发展现状。

参考文献

[1] 白长虹，陈晔，等．数字治理与高质量旅游目的地服务供给——基于 31 座中国城市的综合案例研究［J］．管理世界，2023，39（10）：126-150．

[2] 鲍鹏程，黄林秀．数字经济与公共服务质量——来自中国城市的经验证据［J］．北京社会科学，2023（5）：66-79．

[3] 蔡跃洲．数字经济的增加值及贡献度测算：历史沿革、理论基础与方法框架［J］．求是学刊，2018，45（5）：65-71．

[4] 蔡跃洲，牛新星．中国数字经济增加值规模测算及结构分析［J］．中国社会科学，2021（11）：4-30．

[5] 曹现强，姜楠．基本公共服务与城市化耦合协调度分析——以山东省为例［J］．城市发展研究，2018，25（12）：153-159．

[6] 曹明．数字技术赋能乡村公共服务创新的机制与路径研究［J］．中州学刊，2022（10）：69-75．

[7] 曹薇，赵伟，司玉静．数字经济对低碳发展的影响效应研究——基于绿色技术创新的调节效应与门槛效应分析［J］．软科学，2023，37（9）：47-54．

[8] 曹樱子，睢党臣．数字经济赋能公共服务高质量发展：理论机制、制约因素与实现路径［J］．电子政务，2023（10）：28-41．

[9] 陈博楠，张茜茜，李中斌，等．中国与日本山区城乡医疗服务公平性与效率性对比研究［J］．亚太经济，2023（4）：95-105．

[10] 陈朝兵，赵阳光．数字赋能如何推动农村公共服务高质量供给——基于四川省邛崃市陶坝村"为村"平台的案例研究［J］．农业经济问题，2023（12）：47-59．

[11] 陈成文，陈舒．从"碎片化"困境看我国城市养老服务体系的制度建设［J］．城市发展研究，2017，24（12）：76-82．

[12] 陈浩，王皓月．农村公共服务高质量发展的内涵阐释与策略演化

[J]．中国人口·资源与环境，2022，32（10）：183-196．

[13] 陈弘，冯大洋．数字赋能助推农村公共服务高质量发展：思路与进路 [J]．世界农业，2022（2）：55-65．

[14] 陈胜利，万政．数字经济对中国式现代化水平的影响效应及作用机制 [J]．统计与决策，2023，39（17）：101-106．

[15] 陈晓东，杨晓霞．数字经济发展对产业结构升级的影响：基于灰关联熵与耗散结构理论的研究 [J]．改革，2021（3）：26-39．

[16] 陈晓红，李杨扬，宋丽洁，等．数字经济理论体系与研究展望 [J]．管理世界，2022（2）：208-224．

[17] 陈雨露．数字经济与实体经济融合发展的理论探索 [J]．经济研究，2023，58（9）：22-30．

[18] 程名望，李代悦，杨未然．城市基本公共服务中存在"户籍歧视"吗？[J]．同济大学学报（社会科学版），2022，33（5）：104-114．

[19] 陈子真，欧国立，雷振丹．城市公共交通、社会服务对城镇化影响的统计验证 [J]．统计与决策，2015（20）：93-96．

[20] 程国宇，顾伟刚，刘云刚．博物馆中的南海知识生产与地理想象 [J]．人文地理，2022，37（3）：72-80．

[21] 储德银，韩一多，张同斌，等．中国式分权与公共服务供给效率：线性抑或倒"U"[J]．经济学（季刊），2018，17（3）：1259-1288．

[22] 初雪，陈兴鹏，贾卓，等．甘肃省基本公共服务与人口城镇化的资源配置效率和协调发展研究 [J]．干旱区地理，2017，40（5）：1118-1126．

[23] 戴芸，王永钦．基本公共服务均等化如何促进了个人创业——来自医保改革的证据 [J]．财贸经济，2022，43（2）：39-53．

[24] 邓翔，张鸿铭，任伊梦．基本公共教育服务均等化的助学与增收效应——基于"两免一补"政策的经验证据 [J]．经济理论与经济管理，2023，43（5）：99-112．

[25] 邓宗兵，吴朝影，封永刚，等．中国区域公共服务供给效率评价与差异性分析 [J]．经济地理，2014，34（5）：28-33．

[26] 定明捷，曾祯．复杂适应系统视角下的社区公共服务价值共创：一个分析框架 [J]．公共管理与政策评论，2021，10（6）：124-138．

[27] 丁树，杨燕英，王惠敏．省直管县财政试点推进了县域基本公共服务均等化吗？[J]．中国软科学，2023（3）：74-84．

［28］范柏乃，唐磊蕾．基本公共服务均等化运行机制、政策效应与制度重构［J］．软科学，2021，35（8）：1-6.

［29］范逢春．基本公共服务均等化如何推动共同富裕？［J］．理论与改革，2023（2）：97-108.

［30］范青，谈国新，张文元．基于元数据的数字文化资源描述与应用研究——以湖北数字文化馆为例［J］．图书馆学研究，2022（2）：48-59.

［31］封铁英，南妍．医养结合养老模式实践逻辑与路径再选择——基于全国养老服务业典型案例的分析［J］．公共管理学报，2020，17（3）：113-125.

［32］伏润民，缪小林，张彰．共同富裕目标下基本公共服务均等化与财政改革：基于广义国民收入的分析［J］．经济研究，2024，59（1）：36-52.

［33］甘代军．城乡基本公共文化服务均等化评价及其指标体系构建［J］．中州学刊，2023（12）：77-85.

［34］葛立宇，蔡欣荣，黄念兵．城乡基本公共服务均等化能够激励中国农村居民消费吗？［J］．商业研究，2023（4）：75-84.

［35］龚锋．地方公共安全服务供给效率评估——基于四阶段 DEA 和 Bootstrapped DEA 的实证研究［J］．管理世界，2008（4）：80-90.

［36］龚锋，王昭，余锦亮．人口老龄化、代际平衡与公共福利性支出［J］．经济研究，2019，54（8）：103-119.

［37］古荏欢，吴瑞君，孙斌栋．分级诊疗能否促进空间平等？——基于上海市公共医疗服务可达性的情景分析［J］．人文地理，2022，37（5）：63-70.

［38］官永彬．民主与民生：分权体制下公众参与影响公共服务效率的经验研究［J］．经济管理，2016，38（1）：177-187.

［39］郭峰，王靖一，王芳，等．测度中国数字普惠金融发展：指数编制与空间特征［J］．经济学（季刊），2020，19（4）：1401-1418.

［40］郭露，王峰，肖芳．基本公共服务均等化如何影响收入分配流动性——来自中国家庭的证据［J］．南方经济，2023（11）：19-37.

［41］郭威，李泽浩．财政纵向失衡、转移支付与基本公共服务供给［J］．现代经济探讨，2024（1）：35-47.

［42］郭栋，邓雅兮，刘云．数字化改革赋能共同富裕——基于创新驱动发展视角的分析［J］．社会科学家，2023（6）：82-88.

［43］韩增林，李源，刘天宝，等．社区生活圈公共服务设施配置的空间分异分析——以大连市沙河口区为例［J］．地理科学进展，2019，38（11）：

1701-1711.

［44］何丹，金凤君，戴特奇，等．北京市公共文化设施服务水平空间格局和特征［J］．地理科学进展，2017，36（9）：1128-1139.

［45］何维达，温家隆，张满银．数字经济发展对中国绿色生态效率的影响研究：基于双向固定效应模型［J］．经济问题，2022（1）：1-8.

［46］何文举，刘慧玲，颜建军．基本公共服务支出、收入水平与城市人口迁移关系——以湖南省市域中心城市为例［J］．经济地理，2018，38（12）：52-61.

［47］何文炯．共同富裕视角下的基本公共服务制度优化［J］．中国人口科学，2022（1）：2-15.

［48］洪茹菲，吴建华．数字经济、基本公共服务均等化与农民农村共同富裕［J］．西南民族大学学报（人文社会科学版），2023，44（6）：123-132.

［49］胡彬，王媛媛，仲崇阳．城市公共服务供给与劳动力的空间配置——兼论地方财政压力的调节作用［J］．中国人口科学，2023，37（6）：34-49.

［50］胡洪曙，武锶芪．中国基本公共服务供给效率的评价与供给方式优化——基于省级面板数据的 DEA 分析［J］．财经论丛，2020（1）：33-42.

［51］胡畔．任重道远：从基本公共服务供给看新型城镇化［J］．城市发展研究，2012，19（7）：29-35.

［52］胡税根，齐胤植．大数据驱动的公共服务需求精准管理：内涵特征、分析框架与实现路径［J］．理论探讨，2022（1）：77-85.

［53］胡志平．基本公共服务促进农民农村共同富裕的逻辑与机制［J］．求索，2022（5）：117-123.

［54］胡志平，苏子涵．数字赋能农村公共服务高质量：发展视域、内在逻辑与实践路径［J］．西北农林科技大学学报（社会科学版），2024，24（1）：62-70.

［55］黄祖辉，叶海键，胡伟斌．推进共同富裕：重点、难题与破解［J］．中国人口科学，2021（6）：2-11.

［56］黄意武．精神生活共同富裕视域下公共文化治理的转向、困境与适配［J］．中州学刊，2023（12）：70-76.

［57］惠宁，宁楠．数字经济驱动公共服务质量提升的效应与机制研究［J］．北京工业大学学报（社会科学版），2023，23（1）：109-124.

［58］纪玉俊，韦晨怡．数字经济对我国服务业集聚空间格局的重塑——基

于区域与行业异质性的分析 [J] . 西安交通大学学报（社会科学版），2023，43（1）：51-64.

[59] 贾永飞，王振宇 . 多重效应组合下数字经济如何影响城市融通创新——以长三角城市群为例 [J] . 科技进步与对策，2023，40（13）：21-30.

[60] 简兆权，谭艳霞，刘念 . 数字化驱动下智慧医疗服务平台价值共创的演化过程——基于服务生态系统和知识整合视角的案例研究 [J] . 管理评论，2022，34（12）：322-339.

[61] 蒋海兵，张文忠，韦胜 . 公共交通影响下的北京公共服务设施可达性 [J] . 地理科学进展，2017，36（10）：57-67.

[62] 姜晓萍，康健 . 实现程度：基本公共服务均等化评价的新视角与指标构建 [J] . 中国行政管理，2020（10）：73-79.

[63] 江燕娟，李放 . 养老机构公建民营模式下老年人公共养老服务资源利用——基于理论分析与实践检验 [J] . 社会科学家，2018，258（10）：64-70.

[64] 金栋昌，王宇富，徐梦真 . 中国式现代化进程中推动公共文化服务高质量发展的理论逻辑与实践进路 [J] . 图书馆论坛，2023，43（5）：10-22.

[65] 康健 . 基本公共服务均等化与共同富裕的关系耦合、功能定位和作用机制 [J] . 上海行政学院学报，2022，23（2）：58-65.

[66] 孔少华，师晓娟 . 从资源驱动转向要素驱动的公共文化数据资产化管理 [J] . 福建论坛（人文社会科学版），2023（6）：57-64.

[67] 李百灵 . 长江中游城市群基本公共服务均等化水平测算与区域差异比较 [J] . 统计与决策，2022，38（1）：53-58.

[68] 李国新，李斯 . 我国新型公共文化空间发展现状与前瞻 [J] . 中国图书馆学报，2023，49（6）：4-14.

[69] 李国新，王亚讯 . 文旅融合：公共文化服务新动能论集 [M] . 北京：国家图书馆出版社，2019.

[70] 李华，董艳玲 . 中国基本公共服务均等化测度及趋势演进——基于高质量发展维度的研究 [J] . 中国软科学，2020（10）：74-84.

[71] 李焕杰，张远 . 数字经济对城市经济绩效的驱动效应——机制识别与空间效应检验 [J] . 城市发展研究，2022（6）：92-101.

[72] 李继霞，刘涛，霍静娟 . 中国农村公共服务供给质量时空格局及影响因素 [J] . 经济地理，2022，42（6）：132-143.

[73] 李少惠，袁阁臣，王婷 . 公共文化服务政策层级协同的几点思考——

基于中央-C市-N区政策文本分析 [J]. 理论探索, 2023 (2): 95-104.

[74] 李锦峰. 公共服务供给空间布局的基层创变——以上海浦东新区"家门口"服务体系为例 [J]. 理论与改革, 2022 (2): 112-122.

[75] 李少惠, 王婷. 我国公共文化服务政策的演进脉络与结构特征——基于139份政策文本的实证分析 [J]. 山东大学学报 (哲学社会科学版), 2019 (2): 57-67.

[76] 李少惠, 韩慧. 西部农村公共文化服务供给效率及收敛性分析 [J]. 深圳大学学报 (人文社会科学版), 2020, 37 (6): 54-63.

[77] 李实, 杨一心. 面向共同富裕的基本公共服务均等化: 行动逻辑与路径选择 [J]. 中国工业经济, 2022 (2): 27-41.

[78] 李燕凌, 高猛. 农村公共服务高质量发展: 结构视域、内在逻辑与现实进路 [J]. 行政论坛, 2021, 28 (1): 18-27.

[79] 李永友, 柏霖. 公共教育服务可及性扩展的共同富裕效应 [J]. 财贸研究, 2023, 34 (1): 1-17.

[80] 廉婷, 张桐源. 数字化博物馆的空间艺术形态展示设计——评《博物馆管理与数字化建设应用研究》[J]. 中国教育学刊, 2023 (7): 134.

[81] 梁银锋, 王镝. 政务服务数字化转型何以提升公共服务效率? ——以"互联网+政务服务"平台建设为例 [J]. 电子政务, 2024 (1): 46-62.

[82] 廖义刚, 杨雨馨. 公共服务有助于降低企业劳动力成本吗? ——基于地区教育投入水平视角的检验 [J]. 经济学 (季刊), 2024, 24 (1): 254-270.

[83] 林李月, 朱宇, 柯文前, 等. 基本公共服务对不同规模城市流动人口居留意愿的影响效应 [J]. 地理学报, 2019, 74 (4): 737-752.

[84] 刘飞, 杨盼琳, 王欣亮. 财政分权、地方政府行为偏向与公共服务效率损失——来自文化服务供给的证据 [J]. 东南大学学报 (哲学社会科学版), 2020, 22 (6): 115-125.

[85] 刘海莺, 程娜. 全球数字治理的多元挑战与中国对策研究 [J]. 东北亚论坛, 2022, 31 (3): 19-28.

[86] 刘辉, 陈相谭. 中国公共文化服务政策的演进及其趋势——基于159份政策文本 (2006—2022年) 的分析 [J]. 治理现代化研究, 2023, 39 (6): 59-68.

[87] 刘娟, 文学虎, 张璇, 等. 长江经济带城市基本公共服务空间格局对比分析 [J]. 地理信息世界, 2018, 25 (1): 115-119.

[88] 刘培功.数字治理视域下社区治理共同体的"智治"逻辑与实践路径 [J].理论探讨,2023 (5): 77-84.

[89] 刘平,焦延杰,张桂刚,等.公共文化服务大数据 [M].北京:科学技术文献出版社,2021.

[90] 刘琼,郭俊华.科技公共服务效率对区域创新能力的影响——基于省级动态面板数据的 GMM 分析 [J].科技管理研究,2021,41 (15): 109-116.

[91] 柳天恩,孙雨薇,田梦颖.京津冀基本公共服务均等化的多重困境与推进路径 [J].区域经济评论,2023 (3): 32-39.

[92] 刘伟,许宪春,熊泽泉.数字经济分类的国际进展与中国探索 [J].财贸经济,2021,42 (7): 32-48.

[93] 刘维林.地方公共服务如何成为新型城镇化的新动力?——基于要素集聚及空间外溢效应的检验 [J].城市发展研究,2021,28 (9): 109-115.

[94] 刘玮琳,夏英.我国农村基本公共服务供给效率研究——基于三阶段 DEA 模型和三阶段 Malmquist 模型 [J].现代经济探讨,2018 (3): 123-132.

[95] 刘小春,李婵,熊惠君.我国区域基本公共服务均等化水平及其影响因素分析 [J].江西社会科学,2021,41 (6): 77-88.

[96] 卢盛峰,赵妍.中国公共教育和医疗卫生服务受益归宿测度——来自时空站点大数据的新证据 [J].财经问题研究,2023 (8): 100-115.

[97] 卢新亮.中国文化产业与公共文化服务协调发展研究 [M].北京:经济管理出版社,2021.

[98] 卢毅,刘福平,肖湘愚,等.新型城镇化与公共交通的协调发展研究——以湖南省各市州、代表县为例 [J].经济地理,2019,39 (12): 62-69.

[99] 罗军,邱海桐.城市数字经济驱动制造业绿色发展的空间效应 [J].经济地理,2022,42 (12): 13-22.

[100] 吕芳."异构同治"与基层政府购买服务的困境——以 S 街道的政府购买服务项目为例 [J].管理世界,2021,37 (9): 147-158.

[101] 吕芳.资源约束、角色分化与地方政府的政策执行——基于公共文化服务示范区建设的案例研究 [J].管理世界,2023,39 (2): 113-124.

[102] 吕炜,张妍彦.城市内部公共服务均等化及微观影响的实证测度 [J].数量经济技术经济研究,2019,36 (11): 101-120.

[103] 马海涛,陆胤,李永海.基本公共服务均等化推进共同富裕的实证研究 [J].河北经贸大学学报,2024,45 (1): 25-35.

［104］马慧强，韩增林，江海旭．我国基本公共服务空间差异格局与质量特征分析［J］．经济地理，2011，31（2）：212-217.

［105］马九杰，高原．数字技术助力乡村公共服务普惠供给与城乡公共服务均等化［J］．中央民族大学学报（哲学社会科学版），2024，51（1）：113-122.

［106］毛太田，吴宇豪，黄文佳．自治区民族博物馆的游客在线点评内容挖掘与情感分析［J］．经济地理，2023，43（8）：229-236.

［107］孟维福，张高明，赵凤扬．数字经济赋能乡村振兴：影响机制和空间效应［J］．财经问题研究，2023（3）：32-44.

［108］宁靓，赵立波，张卓群．大数据驱动下的公共服务供需匹配研究——基于精准管理视角［J］．上海行政学院学报，2019，20（5）：35-44.

［109］潘海啸，周益众，高雅，等．新建大型公立医疗机构的公共交通服务可及性研究——以上海为例［J］．城市发展研究，2023（4）：16-24.

［110］庞萌，梁树广，赵斌．数字基础设施建设对政府公共服务水平影响的实证分析［J］．统计与决策，2023，39（24）：74-78.

［111］彭迪云，王玉洁，陶艳萍．中国地区基本公共服务均等化的测度与对策建议［J］．南昌大学学报（人文社会科学版），2021，52（4）：51-61.

［112］彭建东，潘俊锋，陈宇杰，等．公共服务设施对周边房价的空间效应研究——基于武汉市综合医院案例分析［J］．价格理论与实践，2022（7）：152-155.

［113］彭雷霆，张璐．公共文化服务高质量发展评价研究［J］．宏观质量研究，2023，11（2）：90-101.

［114］齐子鹏，张婷，章成．基于脑波技术的游客注意力对博物馆旅游体验质量的影响研究［J］．中国软科学，2023（8）：54-61.

［115］钱挺，来佳飞，张旭．基本公共服务均等化建设成效评价及其发展启示——基于浙江省共同富裕示范区建设的主要做法［J］．价格理论与实践，2023（2）：44-48.

［116］钱振明．公共服务新发展：走向共同富裕的新型城镇化质量提升政策支持［J］．苏州大学学报（哲学社会科学版），2022，43（4）：20-28.

［117］任保平，巩羽浩．数字经济发展驱动服务业转型升级的理论机理与实现路径［J］．江汉论坛，2023（2）：68-74.

［118］任喜萍．高质量发展阶段基本公共服务供给与新型城镇化质量研究［J］．城市问题，2022（6）：16-26.

［119］阮可，郭怡．公共文化服务协调机制研究：以浙江拱墅"三联模式"为样本［M］．杭州：浙江大学出版社，2015．

［120］单轸，陈雅．我国公共文化服务可及性提升机制研究——基于政策文本的扎根分析［J］．情报科学，2023，41（7）：153-162．

［121］尚虎平．"尽力而为、量力而行"：以"保基本"升级推进共同富裕的逻辑理路［J］．行政论坛，2023，30（2）：20-28．

［122］尚虎平，石梦琪．基本公共服务均等化事业的理论归依——习近平新时代中国特色社会主义思想对基本公共服务均等化的理论奠基探析［J］．理论探讨，2021（6）：62-69．

［123］尚子娟，陈怀平．农村公共文化服务与乡村振兴双向赋能的价值逻辑和推进路径［J］．中州学刊，2022（11）：81-89．

［124］申亮，王玉燕．我国公共文化服务政府供给效率的测度与检验［J］．上海财经大学学报（哲学社会科学版），2017，19（2）：26-37．

［125］盛斌，刘宇英．中国数字经济发展指数的测度与空间分异特征研究［J］．南京社会科学，2022（1）：43-54．

［126］石庆功，唐义，肖希明．基层图书馆治理效能提升与高质量发展——以武陵山民族地区县级图书馆总分馆建设为例［J］．中国图书馆学报，2023，49（2）：88-104．

［127］史新杰，崔柳，傅昌銮．数字技术助推城乡公共服务均等化：作用机理与实践逻辑［J］．治理研究，2023，39（2）：109-123．

［128］苏春红，李真．数字经济提升政府公共服务能力了吗［J］．现代经济探讨，2023（1）：1-14．

［129］苏曦凌．公共服务助推共同富裕的历史逻辑［J］．政治学研究，2023（3）：106-115．

［130］睢党臣，肖文平．农村公共服务质量测度与提升路径选择——基于因子聚类分析方法［J］．陕西师范大学学报（哲学社会科学版），2014，43（5）：148-158．

［131］孙国民，陈东．高质量推进共同富裕：概念理解与发展逻辑——基于城乡公共服务均等化的视角［J］．学术论坛，2022，45（1）：112-123．

［132］孙菊，韩文晶．居家社区医养结合服务对老年人医疗费用的影响：效应测度与机制分析［J］．江西财经大学学报，2023（5）：51-64．

［133］孙俊娜，胡文涛，汪三贵．数字技术赋能农民增收：作用机理、理论

阐释与推进方略［J］. 改革，2023（6）：73-82.

［134］孙钰，章圆，齐艳芬，等. 京津冀城市群基本公共文化服务水平的时空演变、溢出效应与驱动因素研究［J］. 北京联合大学学报（人文社会科学版），2022，20（2）：58-68.

［135］孙玥，黄涛，王艳慧，等. 乡村振兴重点帮扶县农村基本公共服务的多维减贫效应［J］. 经济地理，2022，42（6）：144-155.

［136］宋典，石蓉荣，芮国强. 竞标与竞争：全国文明城市评选促进城市基本公共服务均等化机制研究［J］. 上海行政学院学报，2023（4）：85-96.

［137］宋佳莹，王雅楠，高传胜. 基本公共服务均等化对城乡收入差距的影响研究——基于劳动力流动与人力资本视角［J］. 中国地质大学学报（社会科学版），2023，23（3）：126-140.

［138］宋伟，王天宇，张学和. 质点到网络：公共服务动机、行为、绩效三元交互发展逻辑体系构建［J］. 北京理工大学学报（社会科学版），2024，26（1）：195-207.

［139］宋世俊，王崇鑫，张华静. TOE框架下公共数字文化服务供给效率的提升路径研究——基于模糊集定性比较分析［J］. 情报资料工作，2022，43（6）：79-86.

［140］锁利铭，冷雪忠，韩国元. 公共医疗卫生服务的跨域可及性网络：关联结构与影响因素——以哈长城市群为例［J］. 城市发展研究，2022，29（10）：31-39.

［141］唐天伟，刘文宇，江晓婧. 数字经济发展对我国地方政府公共服务效率提升的影响［J］. 中国软科学，2022（12）：176-186.

［142］汤资岚. 乡村公共服务平台化供给的实践逻辑与推进策略——基于浙江省"整体智治"的经验考察［J］. 农林经济管理学报，2023，22（6）：801-810.

［143］田旭，高林林，李季. 我国民族地区公共文化服务研究热点与趋势——基于 CiteSpace 的可视化分析［J］. 西藏民族大学学报（哲学社会科学版），2023，44（5）：124-129.

［144］王定祥，胡建，李伶俐. 数字经济发展：逻辑解构与机制构建［J］. 中国软科学，2023（4）：43-53.

［145］汪凡，白永平，周亮，等. 中国基础教育公共服务均等化空间格局及其影响因素［J］. 地理研究，2019，38（2）：95-106.

［146］王飞，王子玥，王志文．全民健身公共服务数字治理的理论框架、现实挑战与路径选择［J］．天津体育学院学报，2023，38（3）：309-314.

［147］王凤婷，王浩，熊立春．农村数字经济如何影响农民生活质量：机制与事实［J］．浙江社会科学，2023（8）：4-14.

［148］王桂新．以人口迁移流动推动基本公共服务均等化［J］．中国人口科学，2023（5）：9-12.

［149］王海霞，黄潇，张帅．数字经济推动城乡融合发展的路径选择［J］．中国行政管理，2023（7）：155-158.

［150］王皓田，徐照林．"十四五"时期推进社会领域公共服务高质量发展的对策建议［J］．中国经贸导刊，2022（7）：17-21.

［151］王华春，李继霞，徐孟志．中国农村基本公共服务供给质量的区域差异、动态演进及收敛性［J］．农村经济，2023（8）：1-13.

［152］王欢明，刘馨．从合作生产转向价值共创：公共服务供给范式的演进历程［J］．理论与改革，2023（5）：138-154.

［153］王家合，杨倩文．数字技术赋能乡村公共服务价值共创：结构、过程与结果［J］．经济地理，2024（1）：70-78.

［154］王家合，杨硕，杨德燕，等．县域政府购买农村公共文化服务绩效的空间差异——以湖北省咸宁市咸安区为例［J］．经济地理，2021，41（1）：165-172.

［155］王军，柳晶晶，车帅．长三角城市群数字经济发展对城乡融合的影响［J］．华东经济管理，2023，37（8）：33-41.

［156］汪前元，魏守道，金山，等．工业智能化的就业效应研究：基于劳动者技能和性别的空间计量分析［J］．管理世界，2022（10）：110-126.

［157］王伟同．中国公共服务效率评价及其影响机制研究［J］．财经问题研究，2011（5）：19-25.

［158］王秀伟．公共文化服务研究热点与前沿的知识图谱分析——基于CSSCI（2002—2021）数据［J］．山东社会科学，2022（10）：75-84.

［159］王郁，赵一航．区域协同发展政策能否提高公共服务供给效率？——以京津冀地区为例的研究［J］．中国人口·资源与环境，2020，30（8）：100-109.

［160］王震．共同富裕目标下促进公共服务高质量发展的重点问题［J］．经济纵横，2023（2）：73-82.

［161］王桢栋，蒋妤婷，陈有菲．提升城市公共文化服务可及性的协同营建模式刍议——以商业综合体城市阅读空间为例［J］．同济大学学报（社会科学版），2021，32（5）：55-64.

［162］王桢栋，蒋妤婷，于越，等．城市公共服务协同营建研究：以城市综合体文化服务设施为例［J］．城市发展研究，2022，29（1）：15-26.

［163］王卓，王云辉．收入分配感知对公共服务绩效评价的影响研究［J］．管理学刊，2023，36（6）：110-124.

［164］魏和清，李燕辉．我国公共文化服务的测度理论、方法与实践［M］．北京：经济管理出版社，2020.

［165］魏伟，洪梦谣，周婕，等．"城市人"视角下城市基本公共服务设施评估方法——以武汉市为例［J］．城市规划，2020，44（10）：71-80.

［166］魏泳博．供给侧结构性视角下的城市公共服务效率测度［J］．统计与决策，2022（21）：93-97.

［167］温忠麟，叶宝娟．有调节的中介模型检验方法：竞争还是替补？［J］．心理学报，2014，46（5）：714-726.

［168］巫程成．乡村公共文化服务智慧化实践类型与政策路径——基于"理念—制度—技术"分析框架［J］．宁夏社会科学，2023（5）：146-155.

［169］吴帆．基于家庭代际支持的就地养老模式：基本逻辑与公共服务支持［J］．华中科技大学学报（社会科学版），2022，36（4）：74-81.

［170］吴剑辉，许志玉．数字经济驱动制造业绿色转型：门槛效应与空间溢出效应［J］．现代管理科学，2023（2）：124-133.

［171］吴晶．长三角城市群基本公共服务的区域差异及空间演变研究［J］．上海经济，2017（6）：48-60.

［172］吴翌琳，王天琪．数字经济的统计界定和产业分类研究［J］．统计研究，2021，38（6）：18-29.

［173］吴玉杰，王璐瑶，周姿含．面向数字经济高质量发展的创新规律探索：主体、范式与生态［J］．南开经济研究，2023（12）：81-95.

［174］吴彰忠，钟亚平，周易文．数字赋能构建更高水平全民健身公共服务体系——基于多学科视角的模型构建［J］．体育学刊，2023，30（6）：40-48.

［175］习近平．高举中国特色社会主义伟大旗帜为全面建设社会主义现代化国家而团结奋斗——习近平同志代表第十九届中央委员会向大会作的报告摘登［N］．人民日报，2022-10-17（002）.

［176］习近平：高举中国特色社会主义伟大旗帜为全面建设社会主义现代化国家而团结奋斗——在中国共产党第二十次全国代表大会上的报告［EB/OL］. 中国政府网，（2022-10-16）［2022-10-25］. http：//www. gov. cn/xinwen/2022-10/25/content_5721685. htm.

［177］夏杰长，王鹏飞. 数字经济赋能公共服务高质量发展的作用机制与重点方向［J］. 江西社会科学，2021，41（10）：38-47.

［178］夏杰长. 数字赋能公共服务高质量发展：结构性差异与政策建议［J］. 价格理论与实践，2021（9）：13-17.

［179］夏杰长. 数据要素赋能我国实体经济高质量发展：理论机制和路径选择［J］. 江西社会科学，2023，43（7）：84-96.

［180］夏志强，闫星宇. 大数据驱动公共服务精准管理的核心议题分析［J］. 行政论坛，2023，30（4）：127-135.

［181］向书坚，吴文君. OECD 数字经济核算研究最新动态及其启示［J］. 统计研究，2018，35（12）：3-15.

［182］项松林，杨彪. 公共数字文化服务高质量发展：内涵、逻辑与路径［J］. 图书馆理论与实践，2023（6）：12-17.

［183］肖鹏，刘心冉，王先智. 文化馆数字化建设的十年回顾与未来展望［J］. 中国文化馆，2023（1）：27-35.

［184］谢迪，吴春梅. 农村公共服务效率：机理与效应［J］. 南京农业大学学报（社会科学版），2015，15（6）：23-33.

［185］谢礼珊，韩小芸，顾赟. 服务公平性、服务质量、组织形象对游客行为意向的影响——基于博物馆服务的实证研究［J］. 旅游学刊，2007，22（12）：51-58.

［186］熊励，蔡雪莲. 数字经济对区域创新能力提升的影响效应——基于长三角城市群的实证研究［J］. 华东经济管理，2020，34（12）：1-8.

［187］许恒周，赵一航，田浩辰. 京津冀城市圈公共服务资源配置与人口城镇化协调效率研究［J］. 中国人口·资源与环境，2018，28（3）：22-30.

［188］徐琳航，杨志军. "治理超载"新审视：地方政府公共文化服务的治理技艺及其理论启示［J］. 上海行政学院学报，2023，24（5）：33-47.

［189］徐胜，梁靓. 数字经济对区域创新效率的空间溢出效应——基于创新价值链视角［J］. 中国流通经济，2023，37（2）：55-67.

［190］徐旭初，朱梅婕，吴彬. 互动、信任与整合：乡村基层数字治理的实

践机制——杭州市涝湖村案例研究［J］.中国农村观察，2023（2）：16-33.

［191］徐星，惠宁，崔若冰，等.数字经济驱动制造业高质量发展的影响效应研究——以技术创新效率提升与技术创新地理溢出的双重视角［J］.经济问题探索，2023（2）：126-143.

［192］徐晔，阮颖，甘丽凝."省直管县"财政体制改革对县域医疗供给的影响［J］.复旦学报（社会科学版），2023，65（4）：190-200.

［193］许宪春.中国国民经济核算核心指标的变迁：从 MPS 的国民收入向 SNA 的国内生产总值的转变［J］.中国社会科学，2020（10）：48-70.

［194］许潇丹，惠宁，韩先锋.数字经济赋能基本公共服务均等化——作用机制与动态调节效应研究［J］.经济问题探索，2023（8）：132-146.

［195］徐雅倩，宋锴业."数字企业家"如何促进中国数字公共服务创新？——基于三省十四市的实证研究［J］.公共管理学报，2023，20（3）：24-38.

［196］徐增阳，杜亚楠.中国基本公共服务质量的时空变化及影响因素分析［J］.统计与决策，2023（9）：80-84.

［197］燕连福，毛丽霞.县域公共服务均等化推动乡村振兴的目标旨归、面临问题和实践路径［J］.兰州大学学报（社会科学版），2022（5）：1-12.

［198］闫静，徐诗枫，温雨竹.共同富裕视角下构建更高水平全民健身公共服务体系的内涵阐释、现实挑战与路径推进［J］.体育学刊，2023，30（6）：31-39.

［199］颜玉凡，马梦格.社会组织参与公共文化服务的多元认同建构理路［J］.中州学刊，2023（5）：97-103.

［200］杨博，王连.数字化赋能公共文化服务体系高质量发展：逻辑、困境与路径［J］.图书与情报，2023（5）：130-138.

［201］杨芳，张海，刘晓荣.数字经济驱动居民消费：作用机制与空间效应［J］.地理科学进展，2023，42（5）：837-851.

［202］杨欢，吕承超."新医改"十年：中国医疗卫生服务效率的区域差异、动态演进及影响因素研究［J］.中国管理科学，2023，31（2）：162-172.

［203］杨剑刚，朱巧玲.迈向共同富裕的数字经济包容性发展［J］.江汉论坛，2023（5）：15-21.

［204］杨林，杨广勇.基本公共文化服务供给质量评价及其改进——来自山东省的实践［J］.山东社会科学，2020（2）：105-111.

［205］杨铭宇，张琦.从空间不平等到空间正义：农村基本公共服务高质量

发展的理论阐释与实践路向 [J]. 南京农业大学学报（社会科学版），2023，23（5）：86-96.

[206] 杨佩卿. 中国式现代化场阈数字经济赋能新型城镇化研究 [J]. 西北大学学报（哲学社会科学版），2023，53（4）：168-182.

[207] 杨仲山，张美慧. 数字经济卫星账户：国际经验及中国编制方案的设计 [J]. 统计研究，2019（5）：16-30.

[208] 尹鹏，曹艳英，王富喜. 中国基本公共服务对城镇化质量的影响研究 [J]. 青岛科技大学学报（社会科学版），2021，37（1）：20-26.

[209] 尹鹏，王富喜，段佩利. 中国基本公共服务效率与城镇化质量的时空耦合关系研究 [J]. 地理科学，2021，41（4）：571-579.

[210] 姚常成，沈凯玙. 要素流动视角下数字经济与区域经济的包容性增长效应 [J]. 经济地理，2023，43（4）：10-19.

[211] 姚毓春，张嘉实. 数字经济与城乡融合发展耦合协调的测度与评价研究 [J]. 兰州大学学报（社会科学版），2023，51（1）：54-67.

[212] 姚毓春，张嘉实，赵思桐. 数字经济赋能城乡融合发展的实现机理、现实困境和政策优化 [J]. 经济纵横，2022（12）：50-58.

[213] 殷杰，许世远，经雅梦，等. 基于洪涝情景模拟的城市公共服务灾害应急响应空间可达性评价——以医疗急救为例 [J]. 地理学报，2018，73（9）：1737-1747.

[214] 郁建兴，任杰. 共同富裕的理论内涵与政策议程 [J]. 政治学研究，2021（3）：13-25.

[215] 余曼，李拓. 基本公共服务均等化、财政分权与推进共同富裕——基于中国285个城市面板数据的动态空间计量检验 [J]. 经济问题探索，2023（10）：16-30.

[216] 袁丹，欧向军，唐兆琪. 东部沿海人口城镇化与公共服务协调发展的空间特征及影响因素 [J]. 经济地理，2017，37（3）：32-39.

[217] 袁惠爱，赵丽红，岳宏志. 数字经济影响旅游业高质量发展：理论机制与经验证据 [J]. 云南财经大学学报，2023，39（5）：16-31.

[218] 袁金辉，梁一梦. 关系驱动、资源赋能与空间重构：农民渐进式参与农村公共文化服务研究 [J]. 江西社会科学，2023，43（9）：196-205.

[219] 允春喜，上官仕青. 公共服务供给中的地方政府合作——以山东半岛城市群为例 [J]. 东北大学学报（社会科学版），2013，15（5）：52-57.

［220］恽爽，高珊，鲍茜．高质量发展导向下的公共服务设施研究——《雄安新区规划技术指南（试行）》公共服务设施篇章的探索［J］．城市规划，2022，46（4）：77-83.

［221］张超．合作社公共服务效率及其影响因素分析——基于浙江省的调查［J］．财贸研究，2016（3）：63-71.

［222］张冬梅，郑晓宁．促进民族地区公共服务高质量供给的文化能力提升研究［J］．中央民族大学学报（哲学社会科学版），2022，49（2）：124-136.

［223］张涵，陈艳红．中国省域图书公共文化服务的时空演变及其空间溢出效应研究［J］．经济地理，2021，41（11）：149-156.

［224］张红凤，杨方腾，井钦磊．公共文化服务与经济高质量发展——基于耦合协调度模型的政策启示［J］．经济与管理评论，2022，38（2）：58-70.

［225］张建清，严妮飒．长江中游城市群基本公共服务均等化的测度与特征［J］．生态经济，2017，33（1）：102-106.

［226］张景利．宏观经济平稳发展中的新引擎：数字经济作用效应研究——写在"十四五"规划制定前期［J］．价格理论与实践，2020（4）：60-63.

［227］张金荣，梅运田．数字赋能视域下未来社区公共服务供给模式研究［J］．贵州师范大学学报（社会科学版），2023（4）：92-104.

［228］张乐，李杰．基本公共服务均等化水平测度及区域差异分析——基于2011—2020年省级面板数据［J］．内蒙古大学学报（哲学社会科学版），2023，55（3）：65-75.

［229］张梅，邱映贵，伍宁杰．公共医疗服务效率的时空演化与影响因素分析［J］．统计与决策，2022，38（16）：57-61.

［230］张楠，赵倪可，高明．新时代中国县乡基本公共服务配置的财政基础、空间均衡与实践逻辑［J］．中国农村经济，2023（12）：2-22.

［231］张明，张兴祥．基本公共服务均等化与共同富裕——来自2013-2020年地级市面板数据的经验证据［J］．经济学家，2023（6）：110-119.

［232］张鹏，高小平．数字技术驱动公共服务高质量发展——基于农村的实践与优化策略［J］．理论与改革，2022（5）：82-93.

［233］张勤，姜珊，王诗露．创新基层医疗公共服务集成改革的路径依赖及突破之道——以南京市江宁区医疗集成改革为例［J］．中国行政管理，2019（8）：154-156.

［234］章文光，杨谨顿，张桓浩．易地搬迁安置区基本公共服务高质量发展

的价值内涵与建构机制——基于空间正义视角的分析 [J]. 重庆社会科学, 2023 (11): 83-99.

[235] 张亚丽, 项本武. 数字经济发展对中国市域经济韧性的影响效应 [J]. 经济地理, 2023, 43 (1): 105-113.

[236] 张毅, 贺欣萌. 数字赋能可以纾解公共服务均等化差距吗? ——资源视角的社区公共服务价值共创案例 [J]. 中国行政管理, 2021 (11): 131-137.

[237] 张营营, 彭硕毅, 白东北. 数字经济影响城市创新质量的效应与机制研究 [J]. 经济经纬, 2023, 40 (1): 14-24.

[238] 张英浩, 汪明峰, 刘婷婷. 数字经济对中国经济高质量发展的空间效应与影响路径 [J]. 地理研究, 2022, 41 (7): 1826-1844.

[239] 张永奇, 陈睿, 刘梦贤, 等. 数字经济、人口流动与城乡基本公共服务均等化 [J]. 统计与决策, 2023, 39 (20): 35-39.

[240] 赵华. 文旅融合下乡村公共文化服务创新体系研究 [J]. 经济问题, 2021 (5): 111-116.

[241] 赵军义, 李少惠. 公共文化服务政策空传的生成及其消解——公众参与的视角 [J]. 山东大学学报 (哲学社会科学版), 2023 (5): 48-59.

[242] 赵玲玲, 郭遥. 智能医疗机器人应用的伦理风险及其治理路径——基于利益相关者视角 [J]. 科技管理研究, 2023, 43 (11): 177-184.

[243] 赵涛, 张智, 梁上坤. 数字经济、创业活跃度与高质量发展: 来自中国城市的经验证据 [J]. 管理世界, 2020 (10): 65-76.

[244] 赵一航, 李想, 王晟昱. "意愿—执行" 视角下府际嵌套合作网络生成的驱动因素研究——以长三角、京津冀城市群公共服务合作为例 [J]. 宏观经济研究, 2024 (1): 101-113.

[245] 中共中央办公厅国务院办公厅印发《"十四五" 文化发展规划》 [EB/OL]. 中国政府网, (2022-08-16) [2022-12-31]. http://www.gov.cn/zhengce/2022-08/16/content_5705612.htm.

[246] 中华人民共和国文化和旅游部. 文化部关于印发《文化部 "十二五" 时期公共文化服务体系建设实施纲要》的通知 [EB/OL]. (2013-01-14) [2023-01-07]. https://zwgk.mct.gov.cn/zfxxgkml/ghjh/202012/t20201204_906367.html.

[247] 中华人民共和国文化和旅游部. 文化部全国公共文化发展中心举办数字文化馆试点中期检查暨工作研讨培训班 [EB/OL]. (2016-11-21) [2023-

01－07］．https：//www. mct. gov. cn/whzx/zsdw/qgggwhfzzx/201611/t20161121 ＿ 7
77766. htm.

［248］中华人民共和国文化和旅游部．《数字文化馆资源与技术基本要求》
被国家标准委列为 2019 年第一批推荐性国家标准计划［EB/OL］．（2019－04－
22）［2023－01－07］．https：//www. mct. gov. cn/whzx/zsdw/qgggwhfzzx/201904/
t20190422_842954. html.

［249］钟裕民．迈向共同富裕的基本公共服务均等化：理论逻辑与实践进路
［J］．当代经济管理，2024，46（2）：55-61.

［250］朱德云，刘慧．中国城乡医疗卫生基本公共服务均等化的区域差异及
收敛性研究［J］．宏观经济研究，2022（10）：143-160.

［251］祝毅．区域基本公共服务均等化与共同富裕：中国现状与实现路径
［J］．西北大学学报（哲学社会科学版），2023，53（2）：168-178.

［252］钟佳利，杨德刚，霍金炜．乌昌地区基本公共服务失配度时空格局演
化及影响因素分析［J］．干旱区地理，2019，42（5）：1205-1212.

［253］周春山，高军波．转型期中国城市公共服务设施供给模式及其形成机
制研究［J］．地理科学，2011，31（3）：272-279.

［254］周锦，张银芬，郭新茹．公共文化服务数字化赋能文化消费水平提
升——基于城乡视角的对比分析［J］．农村经济，2023（7）：133-144.

［255］周磊，龚志民．数字经济水平对城市绿色高质量发展的提升效应
［J］．经济地理，2022，42（11）：133-141.

［256］周锐，黄静．数字政府建设促进了城乡基本公共服务均等化么？——
基于地级市面板数据的实证分析［J］．农村经济，2022（10）：71-81.

［257］周小刚，文雯．数字经济对公共服务高质量发展影响的机理分析与实
证研究［J］．统计与信息论坛，2023，38（3）：97-105.

［258］周晓光，肖宇．数字经济发展对居民就业的影响效应研究［J］．中国
软科学，2023（5）：158-170.

［259］朱佩娟，黄秋菊，万义良，等．中国城市儿童公共服务设施配置水平
的空间分异及其影响因素［J］．经济地理，2023，43（11）：55-67.

［260］朱玉春，唐娟莉，刘春梅．基于 DEA 方法的中国农村公共服务效率
评价［J］．软科学，2010，24（3）：37-43.

［261］左孝凡，陆继霞．从脱贫攻坚到共同富裕：数字技术赋能贫困治理的
路径研究——贵州省"大数据帮扶"例证［J］．现代经济探讨，2023（8）：

96-107.

［262］湛东升，张文忠，谌丽，等．城市公共服务设施配置研究进展及趋向［J］．地理科学进展，2019，38（4）：506-519.

［263］曾繁荣，李玲蔚，贺正楚，等．基本公共服务水平与新型城镇化动态关系研究［J］．中国软科学，2019（12）：150-160.

［264］曾鹏，张凡．中国十大城市群公共服务供给效率的比较［J］．统计与决策，2017（3）：96-100.

［265］詹国彬．公共服务与城镇化质量的关联测度［J］．政治学研究，2016（4）：113-124.

［266］Adewunmi Y, Chigbu U E, Mwando S, et al. Entrepreneurship role in the co-production of public services in informal settlements—A scoping review ［J］. Land Use Policy, 2023, 125: 106479.

［267］Arnoud M. Drivers of customer satisfaction with public transport services ［J］. Transportation Research Part A: Policy and Practice, 2015, 78: 1-20.

［268］Asquer A. Big data and innovation in the delivery of public services: The case of predictive policing in Kent ［M］//Handbook of Research on Democratic Strategies and Citizen-Centered E-Government Services. Social Science Electronic Publishing, 2015: 20-37.

［269］Benito B, Faura Ú, Guillamón M, et al. The efficiency of public services in small municipalities: The case of drinking water supply ［J］. Cities, 2019, 93: 95-103.

［270］Besley T, Malcomson J M. Competition in public service provision: The role of not-for-profit providers ［J］. Journal of Public Economics, 2018, 162: 158-172.

［271］Carmona R, Linares C, Ortiz C, et al. Effects of noise on telephone calls to the Madrid Regional medical emergency service (SUMMA 112) ［J］. Environmental Research, 2017, 152: 120-127.

［272］Cuadrado-Ballesteros B, García-Sánchez, Isabel-María, et al. Effects of different modes of local public services delivery on quality of life in Spain ［J］. Journal of Cleaner Production, 2012, 37: 68-81.

［273］Dahlmanc, Mealys, Wermelinggerm. Harnessing the digital economy for developing countries ［R］. OECD Development Centre Working Papers, 2016.

［274］ Dell'Ovo M, Capolongo S, Oppio A. Combining spatial analysis with MC-DA for the siting of healthcare facilities ［J］. Land Use Policy, 2018, 76: 634-644.

［275］ Fernández-Aracil P, Ortuño-Padilla A. Costs of providing local public services and compact population in Spanish urbanised areas ［J］. Land Use Policy, 2016, 58: 234-240.

［276］ Khan N N, Puthussery S. Stakeholder perspectives on public-private partnership in health service delivery in Sindh Province of Pakistan: A qualitative study ［J］. Public Health, 2019, 170: 1-9.

［277］ Gazzeh K, Abubakar I R. Regional disparity in access to basic public services in Saudi Arabia: A sustainability challenge ［J］. Utilities Policy, 2018, 52: 70-80.

［278］ Li B, Li T, Yu M, et al. Can equalization of public services narrow the regional disparities in China? A spatial econometrics approach ［J］. China Economic Review, 2017, 44: 67-78.

［279］ Li H, Wang Q, Shi W, et al. Residential clustering and spatial access to public services in Shanghai ［J］. Habitat International, 2015, 46: 119-129.

［280］ Lu J, Li B, Li H. The influence of land finance and public service supply on peri-urbanization: Evidence from the counties in China ［J］. Habitat International, 2019, 92: 102039.

［281］ Link H. The impact of including service quality into efficiency analysis: The case of franchising regional rail passenger serves in Germany ［J］. Transportation Research Part A, 2019, 119: 284-300.

［282］ Maparu T S, Mazumder T N. Transport infrastructure, economic development and urbanization in India (1990-2011): Is there any causal relationship? ［J］. Transportation Research, 2017, 100: 319-336.

［283］ Meyer C A. A step back as donors shift institution building from the public to the "private" sector ［J］. World Development, 1992, 20 (8): 1115-1126.

［284］ Mokonyama M, Venter C. How worthwhile is it to maximise customer satisfaction in public transport service contracts with a large captive user base? The case of South Africa ［J］. Research in Transportation Economics, 2018, 69: 180-186.

［285］ Salmon L M. Partners in public service: The scope and theory of government—Nonprofit relations ［M］. New Haven: Yale University Press, 1987.

［286］ Sam E F, Hamidu O, Daniels S. SERVQUAL analysis of public bus transport services in Kumasi metropolis, Ghana: Core user perspectives [J]. Case Studies on Transport Policy, 2018, 6 (1): 25-31.

[287] Sanogo T. Does fiscal decentralization enhance citizens' access to public services and reduce poverty? Evidence from Côte d'Ivoire municipalities in a conflict setting [J]. World Development, 2019, 113: 204-221.

[288] Stelzer A, Englert F, Stephan H, et al. Improving service quality in public transportation systems using automated customer feedback [J]. Transportation Research Part E: Logistics and Transportation Review, 2015, 89: 259-271.

[289] Thompson, Paul N. Effects of fiscal stress labels on municipal government finances, housing prices, and the quality of public services: Evidence from Ohio [J]. Regional Science and Urban Economics, 2017, 64: 98-116.

[290] Vlahov D, Galea S. Urbanization, urbanicity, and health [J]. Journal of Urban Health: Bulletin of the New York Academy of Medicine, 2002, 79 (4): S1-S12.

[291] Wang R Y, Feng Z X, Liu Y, et al. Is lifestyle a bridge between urbanization and overweight in China? [J]. Cities, 2020, 99: 102616.

[292] Wei O Y, Wang B Y, Tian L, et al. Spatial deprivation of urban public services in migrant enclaves under the context of a rapidly urbanizing China: An evaluation based on suburban Shanghai [J]. Cities, 2017, 60: 436-445.

[293] Whorton J W, Worthley J A. A perspective on the challenge of public management: Environmental paradox and organizational culture [J]. Academy of Management Review, 1981, 6 (3): 357-361.

[294] Xiong W, Chen B, Wang H M, et al. Public-private partnerships as a governance response to sustainable urbanization: Lessons from China [J]. Habitat International, 2020, 95: 102095.

[295] Ye Y Q, Bryan B A, Zhang J, et al. Changes in land-use and ecosystem services in the Guangzhou-Foshan metropolitan area, China from 1990 to 2010: Implications for sustainability under rapid urbanization [J]. Ecological Indicators, 2018, 93: 930-941.

[296] Yuan Z, Yi W, Jiao C. An unbalanced and inadequate development of the Chinese public libraries' public culture services: An investigation of 31 senior library specialists [J]. Libri, 2021, 71 (3): 293-306.

［297］ Zhang D, Huang Q X, He C Y, et al. Planning urban landscape to maintain key ecosystem services in a rapidly urbanizing area: A scenario analysis in the Beijing－Tianjin－Hebei urban agglomeration, China ［J］. Ecological Indicators, 2019, 96（1）: 559-571.

附　录

一、关于数字经济的主要政策文件汇总

发布时间	文件名称	主要内容
2020年3月20日	《关于推动工业互联网加快发展的通知》	为推动工业互联网在更高水平、更大范围、更深程度的融合创新，培育壮大经济发展的新动能，要求通过改造省级工业化联网的内外网络、依托工业互联网促进复工复产、建立企业分级安全管理制度、深入实施"5G+工业互联网""512"工程、促进工业互联网的区域协同发展等，加快新型基础设施建设，加快拓展融合创新应用，加快健全安全保障体系，加快壮大创新发展动能，加快完善产业生态布局，以实现高质量发展
2020年4月28日	《关于工业大数据发展的指导意见》	工业大数据是工业领域与服务全生命周期的数据总称，要求按照高质量发展要求，树立新发展理念，深化数据融合创新，促进工业数据汇聚共享，加强数据安全管理，提升数据治理能力，激发数据市场活力，加强数据分类和分级管理，推动标准研制与应用，突破数据关键共性技术，打造工业数据服务与产品体系，着力打造工业大数据生态体系，开展数据应用示范，提升数据平台的支撑作用，推动工业数据的深度应用
2021年5月27日	《关于加快推动区块链技术应用和产业发展的指导意见》	区块链是建设制造强国与网络强国、发展数字经济以及实现国家治理体系与治理能力现代化的支撑；要求运用区块链技术打破"数据孤岛"，推进数据共享与增值应用，促进数字经济模式的创新；推动区块链技术在数字身份、城市治理、数据存证等公共服务领域的应用，着力提升产品创新能力，构建现代化产业链，增强产业链韧性，推动分布式人工智能模式的发展，促进融通发展，加速区块链研发成果规模化应用等

发布时间	文件名称	主要内容
2021年 7月4日	《新型数据中心发展三年行动计划（2021—2023年）》	新型数据中心是具备安全可靠能力，具备提供高效算力服务和赋能千行百业应用的一种新型基础设施，要求坚持统筹协调、需求牵引、分类引导、创新驱动、绿色低碳等原则，以赋能数字经济为目标，加快建设国家枢纽节点，建设新型数据中心集群，优化总体布局，提升技术能力和能效水平，降低电能利用效率，提高可再生能源利用率，为有效支撑各领域的数字化转型和社会经济的高质量发展提供新动能
2021年 7月21日	《数字经济对外投资合作工作指引》	推进数字经济对外投资合作，要求坚持政府引导、市场主体、商场运作的准则，着力推进技能进步，充分利用两个商场和两种资源，加速融入数字经济的全球工业链，加快推动数字基础设施建设，推进传统工业的数字化转型，优化数字经济"走出去"布局，建造数字化境外经济贸易协作区，打造具有世界竞争力的数字经济企业，强化数字经济"走出去"辅导监管等，加速建造科技强国，以此利于推进更高水平的国内国外"双循环"
2021年 8月27日	《关于印发"十四五"就业促进规划的通知》	要求加快发展数字经济，健全数字规则，培育多层次和多元化的就业需求，创造更多的数字经济领域的就业机会，打造具有国际竞争力且就业容量大的数字产业集群，促进平台经济的规范健康发展，推动更多劳动者依托平台实现就业创业；推动专业升级与数字化改造，加大数字人才的培育力度，建立多层次和多类型的数字人才培养机制，提高人才培养质量，以适应人工智能等新技术发展的需要
2021年 11月30日	《关于全面加强新时代语言文字工作的意见》	语言文字是文化的基础要素与鲜明标志，是人类社会最为重要的交际工具与信息载体；鉴于语言文字的信息技术创新尚不适应信息化尤其是人工智能的发展需求，要求推动人工智能、大数据和云计算等信息技术与语言文字的深度融合，加强自然语言处理等关键问题和原创技术研究，加强信息化平台建设，完善科技创新体系布局，进一步提高语言文字的信息化水平，为提升国家文化软实力和建设现代化强国贡献力量
2021年12月	《"十四五"国家信息化规划》	"十四五"时期，信息化发展进入推动数字化进程与建设数字中国的全新阶段；要求以信息化培育新动能，以新动能推动新发展，充分发挥数字经济的生产、分配、流通和消费等各个环节的重要作用；建构以数据为关键要素的数字经济发展格局，增强数字经济的包容性；健全数字经济的统计监测体系，加强数字经济的安全风险预警，优化数字经济区域生产力布局，加强与共建"一带一路"国家（地区）的数字经济合作等

发布时间	文件名称	主要内容
2022 年 1 月 12 日	《"十四五"数字经济发展规划》	数字经济是农业经济和工业经济后的主要经济形态，是全球要素资源重组、全球经济结构重塑、全球竞争格局改变的关键力量，要求坚持创新引领、坚持应用牵引、坚持系统推进，以数据为关键要素，以数字技术和实体技术的深度融合为主线，完善数字经济治理体系，加强数字基础设施建设，协同推进数字产业化与产业数字化，加快传统产业转型升级，培育新产业、新业态和新模式，为建设数字中国提供强有力支撑
2022 年 6 月 23 日	《关于加强数字政府建设的指导意见》	加强数字政府建设是驱动数字经济发展与社会建设以及营造良好数字生态的必然要求，在全球数字化、网络化与智能化发展趋势下，要求将数字化技术广泛用于政府管理服务，加快政府治理的流程优化、履职能力提升和模式创新，构建数字化与智能化的政府运行新形态，发挥数字政府对于数字经济、数字社会和数字生态的引领作用，为推进国家治理体系与治理能力现代化提供强有力支持
2023 年 2 月 27 日	《数字中国建设整体布局规划》	建设数字中国是推进中国式现代化进程的重要引擎，要求坚持以网络强国重要思想为指导，促进数字经济与实体经济深度融合，打通数字基础设施大动脉，畅通数据资源大循环，发展高效协同的数字政务，打造自信繁荣的数字文化，构建普惠便捷的数字社会，建设绿色智慧的数字生态文明，基本形成纵向贯通、横向打通和协调有力的一体化推进格局，推动数字化发展理念深入人心

资料来源：根据官方网站资料整理获得。

二、关于公共服务的主要政策文件汇总

发布时间	文件名称	主要目标
2006 年 8 月 1 日	《农村卫生服务体系建设与发展规划》	通过加大投入、改善农村卫生机构的基础设施条件、改革管理体制和运行机制、加强卫生技术人员的培养等措施，到 2010 年，建立起基本设施比较齐全的农村卫生服务网络、具有一定专业素质的农村卫生服务队伍、运转有效的农村卫生管理体制和运行机制，与建立和完善新型农村合作医疗制度和医疗救助制度协同发展，满足农民群众人人享有初级卫生保健服务需求
2012 年 7 月 11 日	《国家基本公共服务体系"十二五"规划》	"十二五"时期，覆盖城乡居民的基本公共服务体系逐步完善，推进基本公共服务均等化取得明显进展；到 2020 年，实现全面建设小康社会奋斗目标时，基本公共服务体系比较健全，城乡区域间基本公共服务差距明显缩小

发布时间	文件名称	主要目标
2015 年 5 月 19 日	《关于在公共服务领域推广政府和社会资本合作模式的指导意见》	打造"大众创业、万众创新"和增加公共产品、公共服务的"双引擎",让广大人民群众享受到优质高效的公共服务,在改善民生中培育经济增长新动力
2017 年 1 月 23 日	《"十三五"推进基本公共服务均等化规划》	到 2020 年,基本公共服务体系更加完善,体制机制更加健全,在学有所教、劳有所得、病有所医、老有所养、住有所居等方面持续取得新进展,基本公共服务均等化总体实现
2018 年 12 月 12 日	《关于建立健全基本公共服务标准体系的指导意见》	力争到 2025 年,基本公共服务标准化理念融入政府治理,标准化手段得到普及和应用,系统完善、层次分明、衔接配套、科学适用的基本公共服务标准体系全面建立;到 2035 年,基本公共服务均等化基本实现,现代化水平不断提升
2019 年 1 月 23 日	《加大力度推动社会领域公共服务补短板强弱项提质量,促进形成强大国内市场的行动方案》	到 2022 年,公共服务供给更加充足、资源布局不断优化、体制机制日趋完备、人才队伍发展壮大、服务质量明显提高,覆盖全民、普惠共享、城乡一体的基本公共服务体系不断健全,就近就便、高效快捷、便民利民的公共服务不断改善,政府保障基本、社会积极参与、全民共建共享的公共服务格局不断完善,社会关注的民生热点难点问题得到有效缓解,多样化可选择的公共服务资源更加丰富,潜力巨大的国内市场需求得到满足,广大群众的获得感、幸福感、安全感不断提升
2019 年 5 月 16 日	《数字乡村发展战略纲要》	到 2020 年,"互联网+政务服务"加快向乡村地区延伸,信息化在美丽乡村建设中作用更加显著;到 2035 年,数字乡村建设有着长足进展,农业农村现代化与城乡公共服务均等化目标基本实现
2021 年 12 月 28 日	《"十四五"公共服务规划》	到 2025 年,公共服务制度体系更加完善,政府保障基本、社会多元参与、全民共建共享的公共服务供给格局基本形成,民生福祉达到新水平
2023 年 10 月 31 日	《产粮大县公共服务能力提升行动方案的通知》	优先支持粮食调出量较大的主产省份开展试点,之后分期分批次地支持其他粮食主产省份以及非主产省份产粮大县开展工作;以公共服务设施建设为引领,通过补齐公共服务短板,充分调动增产的积极性,明显提升产粮大县的公共服务能力,初步形成正向激励机制
2023 年 12 月 1 日	《关于支持和引导家政服务业员工制转型发展的指导意见》	到 2027 年,实现员工制企业数量明显增加,家政员工的数量与比例呈现较大幅度增加与提高,从业人员的专业素质与工作稳定性呈现明显增加;到 2035 年,推动员工制成为家政服务产业发展的重要模式,保证家政从业人员更体面、就业更稳定、家政服务更规范、企业风险更可控,同时人民群众对于家政服务的满意度显著提升

资料来源:根据官方网站资料整理获得。

三、国家一级博物馆名录（204家）

省份	博物馆名称	省份	博物馆名称	省份	博物馆名称	省份	博物馆名称
北京(18)	故宫博物院		周恩来邓颖超纪念馆	吉林(3)	吉林省自然博物馆	江苏(13)	苏州博物馆
	中国国家博物馆		平津战役纪念馆		吉林省博物院		扬州博物馆
	中国科学技术馆	河北(3)	河北省博物院		伪满皇宫博物院		常州博物馆
	中国人民革命军事博物馆		西柏坡纪念馆	黑龙江(6)	东北烈士纪念馆		南京市博物总馆
	中国航空博物馆		邯郸市博物馆		大庆铁人王进喜纪念馆		南京中国科举博物馆
	北京鲁迅博物馆	山西(6)	山西博物院		瑷珲历史陈列馆		雨花台烈士纪念馆
	首都博物馆		中国煤炭博物馆		黑龙江省博物馆		无锡博物院
	北京自然博物馆		八路军太行纪念馆		大庆博物馆		徐州博物馆
	中国人民抗日战争纪念馆		大同市博物馆		黑龙江省民族博物馆		常熟博物馆
	周口店猿人遗址博物馆		山西地质博物馆	上海(7)	上海博物馆		镇江博物馆
	中国地质博物馆		临汾市博物馆		上海鲁迅纪念馆	山东(18)	山东博物馆
	中国农业博物馆	内蒙古(3)	内蒙古博物院		中共一大会址纪念馆		中国甲午战争博物馆
	北京天文馆		鄂尔多斯博物馆		上海科技馆		青州市博物馆
	恭王府博物馆		赤峰博物馆		陈云纪念馆		青岛市博物馆
	中国印刷博物馆	辽宁(6)	辽宁省博物馆		上海中国航海博物馆		潍坊市博物馆
	中国电影博物馆		沈阳"九·一八"历史博物馆		上海市龙华烈士纪念馆		烟台市博物馆
	北京汽车博物馆		大连现代博物馆	江苏(13)	南京博物院		孔子博物馆
	清华大学艺术博物馆		大连自然博物馆		侵华日军南京大屠杀遇难同胞纪念馆		济南市章丘区博物馆
天津(4)	天津博物馆		旅顺博物馆		南通博物苑		济南市博物馆
	天津自然博物馆		沈阳故宫博物院				山东大学博物馆

续表

省份	博物馆名称	省份	博物馆名称	省份	博物馆名称	省份	博物馆名称
山东(18)	青岛啤酒博物馆	湖北(9)	武汉市中山舰博物馆	广东(10)	鸦片战争博物馆	浙江(13)	杭州工艺美术博物馆
	淄博市陶瓷博物馆		武汉革命博物馆		广东海上丝绸之路博物馆		宁波市天一阁博物院
	齐文化博物院		长江文明馆（武汉市汉像石博物馆）	广西(3)	广西壮族自治区博物馆		宁波中国港口博物馆
	滕州市汉画像石馆		宜昌市博物馆		广西民族博物馆		南湖革命纪念馆
	济宁市博物馆		随州市博物馆		桂林博物馆		舟山博物馆
	临沂市博物馆	湖南(6)	湖南省博物馆	海南(2)	海南省博物馆	安徽(6)	安徽省博物馆
	青岛山炮台遗址展览馆		韶山毛泽东故居纪念馆		中国（海南）南海博物馆		安徽中国徽州文化博物馆
	山东省滕州市博物馆		刘少奇同志纪念馆	重庆(5)	重庆中国三峡博物馆		安徽省地质博物馆
河南(9)	河南博物院		长沙简牍博物馆		重庆红岩革命历史博物馆		淮北市博物馆
	郑州博物馆		长沙市博物馆		重庆自然博物馆		宿州市博物馆
	洛阳博物馆		胡耀邦同志纪念馆		重庆三峡移民纪念馆（重庆市万州区博物馆）		蚌埠市博物馆
	南阳汉画馆	广东(10)	广东省博物馆		大足石刻博物馆	福建(5)	福建博物院
	开封市博物馆		西汉南越王博物馆	浙江(13)	浙江省博物馆		古田会议纪念馆
	鄂豫皖苏区首府革命博物馆		孙中山故居纪念馆		浙江自然博物馆		泉州海外交通史博物馆
	中国文字博物馆		深圳博物馆		中国丝绸博物馆		中国闽台缘博物馆
	平顶山市博物馆		广州博物馆		宁波博物馆		中央苏区（闽西）历史博物馆
	安阳博物馆		广东民间工艺博物馆（陈家祠）		温州市博物馆	江西(11)	井冈山革命博物馆
湖北(9)	湖北省博物馆		广州艺术博物院		杭州西湖博物馆总馆		江西省博物馆
	荆州博物馆		广东中国客家博物馆		中国茶叶博物馆		瑞金中央革命根据地纪念馆
	武汉博物馆						南昌八一起义纪念馆
	辛亥革命武昌起义纪念馆						安源路矿工人运动纪念馆

续表

省份	博物馆名称	省份	博物馆名称	省份	博物馆名称	省份	博物馆名称
江西 (11)	八大山人纪念馆	陕西 (9)	西安半坡博物馆	四川 (12)	自贡市盐业历史博物馆	西藏 (1)	西藏博物馆
	九江市博物馆		西安博物院		成都博物馆	甘肃 (4)	甘肃省博物馆
	江西省庐山博物馆		宝鸡青铜器博物院		四川省建川博物院		天水市博物馆
	赣州市博物馆		西安大唐西市博物馆		朱德同志故居纪念馆		敦煌研究院
	景德镇中国陶瓷博物馆		自贡恐龙博物馆		5·12汶川特大地震纪念馆		平凉市博物馆
	萍乡博物馆		广汉三星堆博物馆	贵州 (4)	遵义会议纪念馆	青海 (2)	青海省博物馆
陕西 (9)	陕西历史博物馆		成都武侯祠博物馆		贵州省博物馆		青海藏医药文化博物馆
	秦始皇兵马俑博物馆		邓小平故居陈列馆		贵州省民族博物馆	宁夏 (2)	固原博物馆
	延安革命纪念馆		成都杜甫草堂博物院		四渡赤水纪念馆		宁夏回族自治区博物馆
	汉阳陵博物馆		四川博物院	云南 (2)	云南省博物馆	新疆 (2)	新疆维吾尔自治区博物馆
	西安碑林博物馆		成都金沙遗址博物馆		云南民族博物馆		吐鲁番博物馆

资料来源：中国博物馆协会四个批次的一级博物馆名录。

后　记

　　亚里士多德在《政治学》中写道："人们到城市是为了生活，住在城市是为了更好生活。"高质量的公共服务作为衡量社会文明程度的重要标志，不仅是社会治理领域改革的"试金石"，也是促进社会稳定与和谐的重要任务，更是实现社会公平与正义的重要举措，体现了现代化社会的治理成效水平。增加公共服务供给，切实改善民生问题是新时代背景下增强人民群众获得感、幸福感和安全感，满足人民群众美好生活需要，扎实推进共同富裕的必然要求。党的十八大以来，中国公共服务供给取得不俗成效，公共服务水平无论是在量上还是在质上均得到很大程度的提高，兜底民生能力显著提升，民生福祉持续增强。党的二十大报告进一步指出，要健全公共服务体系，提高公共服务水平，增进民生福祉，提高人民生活品质，不断实现人民群众对于美好生活的向往。进入新发展阶段以来，考虑到人民群众的公共服务需求更具个性化、更为多元化，如何更高效地提升公共服务效率，满足人民生活与社会发展的新需求，稳步推进实现共同富裕目标成为亟待解决的问题。

　　在新一轮科技革命深入开展的背景下，以大数据、互联网、区块链、人工智能、虚拟现实等为核心的数字经济规模不断发展壮大，作为继农业经济、工业经济后的新型经济形态，数字经济发展在一定程度上重塑了生产方式，颠覆了服务理念，催生出经济发展的新模式，成为实现中国新旧动能转换的重要动能和推动社会经济高质量发展的关键动力。数字经济的发展正深刻改变着人类社会的生产生活方式，注定要在公共服务领域发挥重要的变革性推动作用，拓展了公共服务外延，提升了公共服务质量，促进了公共服务均等化，提高了公共服务效率，改善了人民生活品质。2021年12月，《"十四五"公共服务规划》明确指出，要充分利用云计算、人工智能、区块链、大数据等新技术手段，为全体人民提供更加便捷、优质、智能的公共服务。这些为公共服务效率的进一步提升指明了方向。然而，在现有数字经济驱动公共服务效率提升进程中，依然存在诸多问题和挑战。其中，数字技术驱动公共服务的改进更多体现在"速度"上，而速度仅是最基础的改进维度，亟须进行深层次变革。数字经济赋能公共服务多停留在电子政府或电子政务上，应多关注政府部门内部的流程简化、信息共享和部门协作，其重点领域需要不断革新，以便应对新格局与新环境。此外，数字经济与公共服务领域的融合度不够，公共服务高质量发展与数字技术的匹配和衔接没有形成系统性的框架体系等。

总之，数字经济是公共服务效率提升的重要手段，需要政府、企业、社会组织等多方共同努力。在推进公共服务数字化进程中，需要明确目标、强调体验、优化服务、重视技术创新和数据管理，同时持续改进和优化公共服务数字化的策略与方案。只有这样，才能为人民群众提供更为优质、更为高效、更为便捷的公共服务，才能推动社会经济的高质量发展以及中国式现代化进程的顺利推进。